坂下仁——著
林詠純——譯

# 每天寫一張神可貼

やりたいことが絶対見つかる神ふせん

九成願望
都能實現！

「我找不到想做的事，該怎麼辦才好？」

不知道自己「想做什麼」的人，
「一直」
都持續著
某種行為模式。

我想你現在也覺得「原來如此」，
但你是不是只在
「腦袋中」想呢？

這樣是不行的！

爲了找到「想做的事情」，需要環境來將其化爲言語，整理成看得見的狀態！

所以「寫下來」是「正確做法」！

那麼，該寫在什麼地方呢？
「筆記本」、「電腦」與「手機」都NG！

**只要寫在「便利貼」上，**
**一切都能解決！**

# 沒錯！

# 便利貼的3種模式與5項特色，能夠爲你的人生帶來180度轉變！

# 寫下、貼上
# 重新排列
## 這3種模式能夠喚醒大腦的潛意識！

隨處可貼
可重複貼
隨手可丟　小巧
沒有封面
這5項特色能夠達成
最短、最少、節能的超高效率。

所以便利貼能夠利用
在潛意識控制下發生的
神奇潛在能力，

# 是人類史上
# 最強大的工具。

找到「想做的事」之後，
夢想與願望都會實現，
各種煩惱
都能解決！

當夢想與願望不是爲自己，
而是爲別人服務時，
就能得到
**金錢**與**環境**。

人生沒有閒工夫後悔。

你的人生就從

1天寫1張
便利貼

的那一刻開始！

## 前言

# 不要自我放棄！「想做的事」能夠幫你實現夢想

現在，有多少人正在從事自己想做的事呢？

想必也有人找不到自己想做的事吧？說不定也有許多人既沒有夢想也沒有願景，懷抱著滿滿身不由己的感覺，任憑時間流逝。

不過，這些人應該也有過充滿夢想與希望的時期。他們是否受到社會架構與規則的束縛，因而自我放棄呢？

**本書的目的是找出腦中「想做的事」，這麼一來「想做的事」就能幫你實現夢想。**

我從二〇一四年開始以副業形式開設傳授副業的講座，並成立「金錢品鑑師」協會。至今已有六千多名學員。而我很快就發現，學員最大的煩惱是**不知道自己「想做的副業」是什麼**。

於是，我緊急開設「想做的事」講座，幫助大家找到「想做的副業」，而**幾乎所有人都因此找到了「想做的事」。**

那時使用的工具就是「**便利貼**」。

**只要使用便利貼，就一定能夠找到「想做的事」。**

你是否有過將貼紙或便利貼「啪」地貼上，就莫名地感到愉快、興奮、雀躍的經驗呢？

便利貼能夠為人生帶來戲劇性轉變的祕密，就隱藏在「這裡」。因為**只要像玩貼紙一樣貼上便利貼，就會源源不絕地湧出多巴胺，讓頭腦變得靈光無比。**雖然本書建議從一天一張便利貼著手，但只要開始寫就會停不下來。

思考的整理與搜尋會變得順暢，而只要重新排列也能一次完成編輯，還能透過加乘效果提升記憶力。難怪東大生會使用便利貼念書。

需要做的事情只有「寫下」、「貼上」、「重新排列」這三項而已，光靠這三件事任務就能達成九成。

便利貼的紙面小，而且有邊框，因此能夠產生與神社繪馬或七夕短籤相同的效果。只要寫下祈求的事情或尋找的東西，需要的資訊就會自動映入眼簾，尋求的答案也將接二連三降臨，這就是大腦開始活躍運作的證據。

即使透過網路搜尋，也找不到打從心底眞正「想做的事」等最重要的事物。因爲**重要的事物只存在於自己腦內或是眼前展開的眞實空間裡。**

潛意識的領域占了腦的大部分。因此如果能夠讓潛意識成爲盟友，能夠發展成打從心底「想做的事」的想法就會「視覺化」。而「便利貼」就是爲此而設的搜尋窗口。

## 當「想做的事」成為人生目標，腦袋就會自己開始動起來

全面實施個人資訊保護法，是讓我得知便利貼威力的契機。

我是電腦的信徒，無論筆記還是行事曆都全面數位化，並透過與公司電腦同步（資料共享）來進行工作。

但由於公司方針的緣故，資料共享在一夜之間遭到禁止。我在無可奈何之下，只好使用便條紙磚應急。我將洽商筆記沿著虛線撕下放在公司保管，這麼一來即使弄丟整本便條紙也不會導致資訊外洩。

然而這麼做的代價是，數百張的便條散亂在辦公桌的抽屜裡，記憶與注意力也隨著四散的筆記而變得渙散，思考變得零散並開始影響工作。

於是，我嘗試使用便利貼來取代便條紙磚。因為背面有黏膠，寫好的便利貼可以貼在筆記本上。

這麼一來我的思緒不再雜亂無章。不僅如此，視覺化的思緒整齊地排列在寬闊的筆記本上，能夠邊翻邊快速瀏覽。

而且思考變得清晰，工作開始變得流暢。因爲我能夠駕馭潛意識了。

效果很快就反映在業績上，不久之後，我就榮升至總部的企畫部門。

而更令我驚訝的是，**我找到了「想做的事」**。

原來能夠從事「想做的事」竟然這麼開心，這是自童年時代天眞無邪四處玩耍以來未曾有過的體驗。而且和童年時的遊戲不同，**「想做的事」爲我家的財庫帶來了收入。**

講座的學員也和我一樣開始產生變化。副業收入超過本業收入的人、獨立創業的人，在短短的期間內就以數十人爲單位出現。

我從來未曾傳授過獨立創業的方法，我只傳授找到「想做的事」的方法與從事副業的方法，爲什麼獨立創業的人仍接二連三地出現呢？

這是因爲**他們在找到「想做的事」的同時，也找到了「人生目標」**。

**當「想做的事＝人生目標」時，人生就會開始自動地朝著那個方向移動，**人生發生了典範轉移。

# 透過三種模式徹底改變人生！

「寫下」、「貼上」、「重新排列」——要做的只有這三種模式。就是這麼簡單，所以任何人都能憑直覺操作。**雖然需要準備，卻不需要努力。**人生輕而易舉就能徹底改變，便利貼的威力就是這麼驚人。

隨後在〈序章〉中，我**將會傳授找到「想做的事＝人生目標」的經典公式**。只要找到能夠套用到這個公式的兩個關鍵字，人生就會改變。

而**便利貼正是改變人生的最強工具**。我們將會知道過去並未清楚說明的便利貼的五項特色及應用方法。

接著在第1章當中，**將學習在便利貼「寫下」內容的訣竅**。首先就從將願望與煩惱化爲文字開始練習。這就像是寫神社繪馬或是七夕短籤一樣簡單。

一旦寫到便利貼上，與潛意識之間的連結便就此展開。這麼一來，就能接觸到自己未曾察覺的資訊或是沒有看見的「想法」。多虧便利貼的五項特色，「想法」能夠無痛輸出，理解力全面提升，而資訊的接收也變得更加順暢。

第2章**將學習「貼上」便利貼的訣竅**。「貼上」能將「想法」在筆記本上建立實體連結，而腦內的「想法」也能得到整理並深植於記憶當中。

再者，「貼上」也能逐漸累積視覺化的「想法」，勾勒出自己正面的思考模式，找到眞正的自己。

第3章**將學習「重新排列」便利貼的訣竅**。我們將會使用便利貼曼陀羅等全世界最簡單的框架（分析和思考的架構），一舉找出「想做的事＝人生目標」。

第4章我們會**從一覽表中選出「想做的事」**，第5章則會**勾勒「未來藍圖」並繪製「草圖」**。

而在〈終章〉，我們將發現只要調整工作與興趣，就會注意到自己未曾察覺但對世界有益的驚人事物。當這些事物開始與「想做的事」產生連結時，有趣的人生就會到來。

一旦建立專屬自己的獨特故事，**未來就會如你所想像的那般生動展開**。

來吧，人生只有一次。像我們一樣找到「想做的事」，過著像孩童時期那樣充滿期待與雀躍的每一天吧！

# 目錄

## 第1章
# 使用便利貼將「想法」化爲言語

## 第2章

# 使用便利貼進行「自我探索」

第3章

# 使用便利貼熟成「想法」

# 第4章

# 利用便利貼找到的「想做的事」創造財富

第5章

# 使用便利貼 讓自己的人生照著劇本走

終章

# 無論是工作還是興趣，都能從中找到「想做的事」

# 序章

# 只要使用便利貼，人生就會180度大改變！

## 找到「想做的事」的最佳工具

現在從事的活動與工作，是你打從心底「想做的事」嗎？

你現在所做的事情，是否讓自己覺得「我的人生沒有遺憾！」了呢？

你是否每天都過得很開心，而且覺得對別人有所幫助呢？

如果你無法問心無愧地點頭，那麼你現在從事的活動或工作，就不是自己打從心底「想做的事」。

根據康乃爾大學心理學教授湯瑪斯・季洛維奇（Thomas Gilovich）的研究，**人們對「沒做的事」所感受到的遺憾**，會比對「做過的事」更深刻。

此外，透過安寧緩和照護送走許多患者的布朗妮・維爾（Bronnie Ware）也指出，**最多人在臨終時感受到遺憾的是「當初如果能夠過著忠於自我的生活就好了」**。

如果臨終時才發現想做的事，並且因為未曾嘗試而後悔，那就太過悲傷了吧！

直到人生的最後才找到「想做的事」也太遲了。因爲**唯有著手開始「想做的事」，才能眞正展開「自己的人生」。**

「想做的事」必定存在。只是你沒有注意到，與之擦身而過罷了。

那麼，該如何發現自己眞正想做的事呢？

答案就是**立刻使用便利貼**。

絕大多數的人都在自己的腦袋中思考「想做的事」，但想破頭都無法輕易找到。能夠找到的人不是幸運，就是天才。

相較之下，使用便利貼就是捷徑。因爲便利貼是將**筆記本、記事本、電腦等的優點結合在一起的工具**。

## 融合「紙本」與「數位」優點的最強工具

我們所需要的資訊，只要上網立刻就能找到。

但另一方面，**「想做的事」無論再怎麼搜尋也搜尋不到。因爲「想做的事」只存在於自己的腦袋裡**。

換句話說，想做的事必須在自己的腦內尋找，而不是透過網路搜尋。但即便如此，絞盡腦汁想破頭也很難找到。因爲**思考是看不見的，如果不做筆記就會忘記**。

除了紙張與白板等紙本工具之外，沒有其他工具能夠搜尋自己的腦袋，將自己的「想法」呈現出來，使「想法」接二連三地展開。所以將腦中的「想法」化爲言語，透過寫在紙張與白板上進行整理，是一種合理的做法。

「書寫」遠比「默想」更能夠快速地將許多「想法」轉換成言語。**由於是看著化爲**

**言語的「想法」思考，所以能夠整理思緒，自然而然地銜接到下一個想法**。

這就像是用紙筆計算遠比心算更快速、更正確一樣。是否寫下來化爲文字，產生的差異就像自行車與徒步那麼明顯。

## 那麼，爲什麼不使用筆記本或記事本，而是要用便利貼呢？

因爲使用便利貼，能讓隱藏在腦海裡的「想法」瞬間浮現，不會錯過稍縱即逝的靈感。而且便利貼還兼具數位工具的最大優點，可說是**融合紙本與數位兩者之長的最強工具**。

使用筆記本、記事本或白板時，如果想要修正或編輯寫下的內容，只能夠擦掉重寫，無法像電腦一樣透過剪下&貼上來編輯。

但**便利貼雖然是紙本工具，卻能夠即時編輯或重新排列**。這就是爲什麼部分顧問公司或先進企業在開會討論時，不是直接寫在白板上，而是先寫在便利貼再貼上白板。因爲這麼做可以邊討論邊將便利貼分組或是重新排列。

我們素人也一樣。只要將「想法」化爲文字寫在便利貼上（言語化），再貼到筆記本或辦公桌上整理，就能仔細地審視全貌。而**將便利貼（言語化的「思考」）重新排列進行編輯，思考也會遠遠變得更加順暢**。

## 圖1　紙本、數位與便利貼的優缺點

| | 紙本 | 數位 | 便利貼 |
|---|---|---|---|
| 適合整理思考 | ◎ | △ | ◎ |
| 能夠瀏覽思考 | ◎ | △ | ◎ |
| 能夠搜尋腦內 | ○ | △ | ◎ |
| 立刻就能記下 | ○ | △ | ◎ |
| 帶給大腦好的影響 | ◎ | × | ◎ |
| 對眼睛好（護眼） | ◎ | × | ◎ |
| 使用時沒有寫錯或成本的壓力 | × | ◎ | ◎ |
| 不需要的部分能夠一口氣刪除 | × | ◎ | ◎ |
| 容易編輯，例如重新排列 | × | ◎ | ◎ |
| 能夠連上網路 | × | ◎ | × |

## 只要做三件事：「寫下」、「貼上」、「重新排列」

儘管便利貼融合了紙本與數位的優點，使用方法卻非常簡單。**只要做三件事即可：「寫下」、「貼上」、「重新排列」**。

「想做的事」的答案，不管哪裡都沒有寫出來。但是會帶來答案的線索，卻散落在每個人腦海中的「想法」裡。

這些「想法」雖然也可以從筆記本或記事本中拾得，但很零碎，因此很難條理分明地寫出來。

相較之下，便利貼在寫出來後還是可以重新排列，所以能夠毫不在意順序地把靈光一現的「想法」隨機寫下。全部寫出來之後，再邊貼邊審視整體，重新排列即可。

**這些只在腦海中想的思考是看不見的**。而且如果不記錄下來，就會忘得一乾二淨。眼睛看不見的東西容易遺忘，這才是困難之處。在此，我將思考過程分成三種「模式」，讓思考視覺化（圖2）。

「寫下」時專注於「**言語化**」，「貼上」時專注於「**整理**」，「重新排列」時則專注於「**編輯**」。

將眼睛看不見的「言語化」、「整理」、「編輯」這三種思考，轉換成「寫下」、「貼上」、「重新排列」這三種看得見的形式，就能讓思考按部就班呈現。

不僅如此，現在正在進行哪種思考也清晰可見。

寫下的時候可以知道「**我正在進行把自己的想法轉換成言語的思考**」。
貼上的時候可以知道「**我正在進行整理自己想法的思考**」。
重新排列的時候可以知道「**我正在進行編輯自己想法的思考**」。

## 圖2　透過3種「模式」轉換思考

### 寫下

邊寫邊將自己的想法轉換成言語

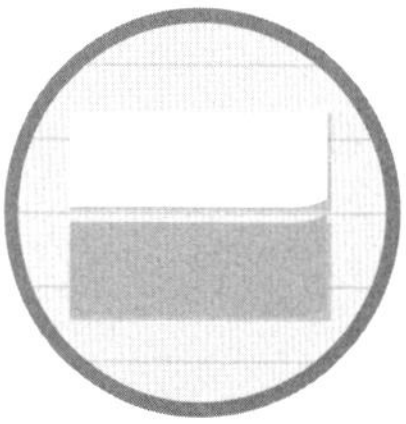

### 貼上

邊貼邊整理自己的想法

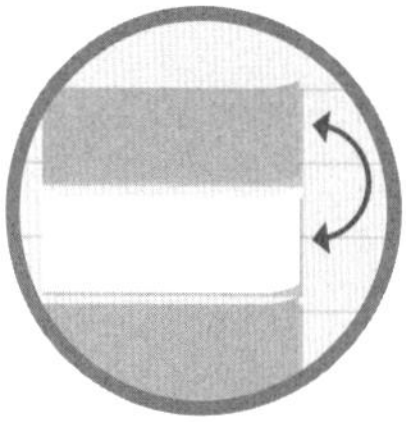

### 重新排列

邊重新排列邊整理自己的思考

▼

**思考輕重緩急分明，**
**結果更容易找到「想做的事」**

每一個步驟也都有明確的訣竅，因此思考能夠輕重緩急分明，如此一來也更容易找到「想做的事」。

## 「想做的事」究竟是什麼？

尋找「想做的事」時，有一項重要觀念，那就是「想做的事」終究只是實現「人生目標」的手段。

所以，**只要先找到了「人生目標」**，「想做的事」也自然就會浮現。

自己爲什麼會誕生到這個世界上？答得出這個問題的人，已經察覺到自己「想做的事」。

但幾乎沒有人能夠瞬間回答。而答案也不是絞盡腦汁就能立刻想得出來。

有些人會回答「爲了變得有錢」「爲了健康長壽」「爲了享受嗜好及旅行」，但這些都只是願望，不是「想做的事」。

「想做的事」確實存在。然而儘管存在，卻模糊不清，無法透過言語表達。又因爲無法化爲言語，自己自然也弄不清楚到底是什麼。

不過，**只要使用便利貼，就能以言語表達「想做的事」**。當習慣之後，無論是透過抽象的言語還是具體的言語也都能夠表現了。甚至還有附加效果，那就是即使抽象思考也能夠輕而易舉地展開。

## 使用便利貼，就能擁有前5%的高效思考！

一般來說，能夠進行抽象思考的人都很聰明，班上都有一、兩個這樣的人吧？這些人是社會上前5%的聰明人。

人的意識分成「意識」與「潛意識」，而這些頭腦好的人，無論是意識還是潛意識都能熟練運用。

我們平常能夠認知到的是意識，因此「意識＝自己」。我們總是想東想西，而想東想西的就是意識。

意識只占大腦活動的約5%（關於數字眾說紛紜，範圍約在1～10%）。其餘的部分就是潛意識。**潛意識蘊藏的能力是意識的二十倍**。

占據大半大腦功能的潛意識，能夠同時處理無數的資訊與動作。但我們幾乎無法察覺其活動。潛意識顧名思義就是「藏起來的意識」，因此是眼睛看不見的思考。

**但只要借助便利貼的力量，就能巧妙發揮意識與潛意識各自的長處**。

你知道自己過去的思考有多麼的缺乏效率又窒礙難行嗎？

請回想一下寫報告或部落格的經驗。

你是不是邊思考著整體結構，安排該以什麼樣的順序書寫，邊在腦中「整理」要從什麼樣的角度切入內容，同時還得將這些內容轉換成言語呢？

光是其中一種思考就已經不容易了，你所進行的還是三種思考同時並行的高難度資訊處理。由於精確度會變低，最後只好靠「編輯」來梳理。

但如果使用便利貼，「寫下」、「貼上」、「重新排列」這三種模式分別都只需要一種思考，因此大腦的記憶空間也只需要專注在「言語化」、「整理」或「編輯」的其中一項即可。如此一來**就能夠最大限度地活用大腦有限的記憶空間**。

而且便利貼可以「總之先開始寫」。姑且先將想寫的內容轉換成言語，再拿到手上組織整體「結構」，因此思考本身也變得輕鬆。

這麼一來就能將針對「結構」的思考與最後進行的「編輯」整合在一起。思考少了一步，完成速度也快了一步。

寫下貼上後，潛意識就會幫忙找到資訊與記憶；重新排列後，則會幫忙找到最合適的答案。

當然，頭腦好的人即便不使用便利貼，也能夠順利地發揮意識與潛意識的優勢，所以平凡人比不上他們。

但**多虧了便利貼，任何人都能開始模仿聰明人所進行的高效率思考**。只要有了便利貼，思考就會產生輕重之分，也能夠有效率地分別應用意識與潛意識，所以我們就能追趕上頭腦好的人。

**使用便利貼不僅能在短時間內找到「想做的事」**，還能躋身熟練運用大腦功能的5%前段班，如此一來無論是工作、家事還是學習，全部都會開始變得順利。

# 人生目標＝自我價值觀×社會需求

雖然尋找「人生目標」的方法有很多，但只要使用下列公式就能立刻找到。

**人生目標＝自我價值觀×社會需求**

所謂的「自我價值觀」，指的是判斷對錯及善惡的標準，以及個人的好惡。

至於「社會需求」，則是將社會及顧客「錯誤」或「不佳」的狀態，改善成爲「正確」或「美好」的狀態。

因此所謂的**「人生目標」，就是誠實面對自己的心情，幫助有困難的人，協助他們實現願望**。說得更文謅謅一點，就是透過社會貢獻來實現自我。

有些人會將「社會貢獻」與「志工活動」混爲一談，但兩者並不相同。志工活動是無償奉獻，至於社會貢獻則能夠獲得報酬。所以社會貢獻不需要勉強自己也能長期持續下去。

只要付出貢獻並回應需求，社會與顧客就會心滿意足地表達感謝。而金錢就是感謝的心意轉化而成的數值，所以最終能夠獲得報酬。

無論是松下幸之助或稻盛和夫這樣的知名經營者，還是白手致富的創業家，都無一例外地透過社會貢獻實現自我。不只經營者與創業家，所有功成名就的人，都清楚意識到自己的「人生目標」。夢想、志向、使命（mission）等，使用的詞彙因人而異，但所指的幾乎都是同一件事情。

他們之所以能夠清楚意識到「人生目標」，當然是因爲天生具備才華。

**但只要使用便利貼，任何人都可以輕鬆找到自己的「人生目標」，因爲便利貼能夠反映自己最眞實的想法**。

## 圖3 尋找人生目標的公式

**人生目標＝**
**自我價值觀×社會需求**

### 自我價值觀指的是……

判斷對錯及善惡的標準，以及個人的好惡。

### 社會需求指的是……

「人生目標」就是透過社會貢獻來實現自我。

▼

**透過社會貢獻實現自我，**
**就是「人生目標」。**

「人生目標」有很多，不會只有一個。

而且隨著你的成長，開始發現新的需求，價值觀也持續變化。「想做的事」當然也隨之改變，總有一天會在某個時間點修正方向。

所以只要大致的方位正確就沒問題。就如同飛機航行時總是不斷地修正方向一樣。

因此不需要太過緊繃，尋找人生方向時請懷抱著輕鬆的心情吧！而想要輕鬆愉快地找到人生目標，沒有比便利貼更適合的工具了。

## 善用便利貼的五項特色

便利貼具有其他紙本媒體模仿不來的五項特色（圖4），分別是**「隨處可貼」**、**「可重複貼」**、**「隨手可丟」**、**「小巧」**、**「沒有封面」**。

此外，便利貼也能夠透過特有的「寫下」、「貼上」、「重新排列」這三種模式為思考分出輕重緩急，順暢地將意識下的思考「言語化」、「整理」、「編輯」，與此同時，潛意識也能推動思考的「搜尋」與「熟成」。

正因為便利貼具備這五項特色與三種「模式」，才能融合紙本與數位的優勢。如此一來，稍縱即逝的靈感就能瞬間化為文字，將腦中想法整理得條理分明，並且將思考本身拿在手上進行編輯。

## 圖4　便利貼的5項特色與能夠得到的效果

| 特色 | 效果 |
|---|---|
| ①隨處可貼（p54～） | ●思考無限擴展<br>●能夠俯瞰思考<br>●思考一目了然<br>●提升大腦能力<br>●強化記憶 |
| ②可重複貼（p58～） | ●能夠編輯 |
| ③隨手可丟（p59～） | ●不再漏寫<br>●能夠丟棄不需要的資訊與思考 |
| ④小巧（p61～） | ●總之先將思考化爲語言<br>●透過畫框效應強調內容<br>●透過畫框效應與潛意識接軌<br>●資訊輸入變得容易<br>●能夠隨身攜帶 |
| ⑤沒有封面（p66～） | ●能夠隨手記錄<br>●不再錯過稍縱即逝的靈感 |

### 便利貼的驚人特色！①

# 透過「隨處可貼」俯瞰整體思考

便利貼的第一項特色就是**「隨處可貼」**。多虧了這點，便利貼既可以貼在筆記本上快速地翻閱掃過，也能夠貼在白板上俯瞰整體思考。

思考會不分時間地點，突如其來地在腦海中浮現。各種令人在意的小念頭會冷不防地閃過腦海，而後又消失無蹤。

而使用便利貼，就能讓自己的意識瞬間移動到那些令人在意的念頭，隨時隨地都能順手將其轉換成言語。

便利貼「隨處可貼」，因此只要「想法」浮現，就能立刻記錄。思考的開關能夠視情況切換，提高思考的自由度，使其無限擴張。

**沒有其他工具比便利貼更能夠完美貼合人類大腦的特質了。**

「隨處可貼」所帶來的優點，並非只有思考的自由度。正因爲貼在哪裡都可以，更能夠發揮所貼之處原本就具備的強項。

如果貼在白板或桌面上，就能以寬闊的視野「俯瞰」整體。

如果貼在筆記本裡，就能隨手翻閱，「一目了然」掌握跨頁內容。

許許多多的思考與資訊，藉由這樣的方式自由奔放地靈活連結，更容易找到自我價值觀與社會需求等重要目標。

## 孩子喜歡玩貼紙有跡可循

**貼上便利貼能夠獲得成就感。**

**一旦獲得成就感，大腦就會分泌源源不絕的多巴胺。**

**而人在分泌多巴胺後就會興奮雀躍，大腦能力也隨之提升。**

所有孩子都喜歡玩貼紙。請你回想一下自己的童年，你是不是也很喜歡玩貼紙呢？

根據鎌倉女子大學教授小泉裕子的說法，孩子之所以喜歡玩貼紙，是因爲玩貼紙能帶來成就感。對孩子來說，隨手就能貼上的貼紙，是能夠讓他們首次體驗到自我實現的小道具。

不只貼紙，姓名標籤、便利貼都是同樣的道理。孩子們最喜歡這些能夠「貼上」的小東西，這點即使長大成人也依然不變。

人在分泌多巴胺後，會有「開心」、「愉快」的感受。

而多巴胺具有提升資訊處理能力、注意力與專注力的作用。根據精神科醫師樺澤紫苑的說法，善用大腦物質來使大腦最佳化，甚至能夠發揮兩倍的能力。光是貼上就已經很有趣了，能力居然還能翻倍更是幸運呢！

## 記憶力也立刻強化

**「貼」這個動作能夠強化記憶力。**記憶能夠藉由「理解→整理→記憶→複習」這四個階段來強化，而根據寫在便利貼的內容判斷該貼在哪裡，必定需要經過「整理」。資訊經過整理就會產生**「連結」**，而連結有助於長期記憶，因此整理後的資訊就更容易留在長期記憶裡。

背誦歷史年號之類的資訊時，會利用一些諧音口訣來記憶吧？諧音口訣就是連結。除此之外，與地點、故事連結也是同樣的道理。

而在貼上便利貼時，一定會「複習」一次。因爲如果不確認寫下的內容，就無法決定要貼在哪裡。複習並確認內容是不可或缺的步驟，所以記憶必定會變得更加牢固。

「貼上」便利貼就相當於完成「整理→記憶→複習」，再加上「寫下」時也必須「理解」，這代表強化記憶的四個步驟全部自動執行。正因爲如此，便利貼堪稱是最佳工具、最強道具。

### 便利貼的驚人特色！②

## 隨著思考「可重複貼」，立刻就能「編輯」

便利貼的第二項特色是**「可重複貼」**。便利貼不僅隨處可貼，還可以自由自在地重複黏貼。**能夠隨著思考「可重複貼」，所以當下就能「編輯」**。

每一張便利貼都寫著自己獨一無二的「想法」。只要將這些彼此相關的「想法」，重複黏貼到全世界最簡單的框架裡，邊俯瞰整體邊動手重新排列，「想做的事」就能輕易轉換成文章。

ＡＩ擅長生成文章，但你的大腦並沒有連上ＡＩ，它無法幫你把「想做的事」轉換成文字。

相較之下，便利貼直通你的潛意識，因此能夠幫你把「想做的事」的片段「言語化」，在分類黏貼的過程中就能進行「整理」，剪下&貼上、刪除這些操作也輕而易舉。不需要借助電腦的力量，就能完成「編輯」的所有流程，眞的令人讚嘆。

### 便利貼的驚人特色！③

## 「隨手可丟」反而不再漏寫

便利貼的第三項特色是**「隨手可丟」**。**正因爲隨手可丟，即使是微不足道的想法也能毫無顧忌地振筆疾書，帶來「不再漏寫」的效果。**

寫筆記時，通常會在腦中整理好內容與順序，想好一定程度的整體架構後才開始動筆吧！

最後就在考慮東考慮西的情況下，結果反而什麼都沒寫下來。這樣的狀況是否很常見呢？

再者，一些平凡或微不足道的念頭也很難寫進筆記本裡，然而**正因爲平凡，才有機會帶出「想做的事」**，所以能夠毫無顧忌想寫就寫的便利貼更顯珍貴。

便利貼的價格就和面紙差不多，因此能像面紙一樣隨手使用，也能毫不猶豫地丟掉。想法是否重要、資訊該保存在哪裡的判斷，等之後貼上時再來想就可以了，要是後來發現不需要，那麼到時候再丟掉也不遲。

正因爲便利貼便宜，丟了也不心疼，所以不需要花多餘的腦力判斷是否該寫下來，想到什麼就寫什麼。不需要決定記錄與否的標準，在意的事情就全部記下。如此一來，就不會再發生「糟糕！早知道應該記下來」的狀況，因爲可以像手機拍照一樣，反正先拍下來，之後再刪除不需要的照片即可。

**總而言之先寫在便利貼上，至於不需要的、密度低的資訊與想法，可以之後再丟**

**掉，而最後留下的就會是優秀的資訊與想法。**

### 便利貼的驚人特色！④

## 因爲「小巧」，所以能將思考濃縮成短句

便利貼的第四項特色是**「小巧」**。而正因爲小巧，更容易將「自己的想法」具象化。

每張便利貼只寫一則訊息。而這點能夠降低把大腦深處的想法羅織成言語或文章的難度。

言語或文章不是一開始就以完成的狀態存在於腦海裡，而是先有如迷霧般朦朧的概念，再由此轉換成言語或文章等可見的形式。

這時便利貼就成爲思考的「核心」。**因爲小巧才能做到這點，幫助思考更容易轉換**

**成文章及言語。**

筆記當然也能作爲思考的「核心」。然而當版面較大時，就會開始猶豫該把筆記寫在哪裡、該依照什麼順序、該寫幾行、該如何表現等，最後遲遲下不了筆。而這些無法化爲言語的思考，終將走向被遺忘的命運，眞是悲涼。

相較之下，**便利貼不必煩惱這些就能動筆，因此至少都能先寫下來。**

## 透過「畫框效應」與潛意識接軌

便利貼就像是一塊小小的畫布，其本身彷彿擁有畫框，能夠將寫在上面的單一訊息更加聚焦並突顯內容，就如同從寺廟眺望戶外枯山水庭園的「畫框效應」一樣。

而多虧畫框效應突顯視覺焦點，使得寫下的內容直接映入眼簾，如此一來瞬間就能與潛意識接軌。

**畫框效應也讓便利貼發揮潛意識搜尋窗口的作用。**

**於是眼睛開始注意到必要的資訊，與「想做的事」有關的想法也開始接二連三化爲言語。**

手機與電腦的搜尋窗口做不到這點。只要在上網搜尋後與眞實空間進行比對，差異就顯而易見。

你有沒有過根據網路上的資訊前往現場，卻在看到實物後因爲兩者的落差太過驚人而大感衝擊的經驗呢？這就是因爲無論手機還是電腦，都只能連上網路的關係。網路也無法重現氣味與濕度等現場氣氛、觸碰的質感與深度等。而且像網路這樣的虛擬空間，還充斥著假訊息與垃圾訊息。

相較之下，現實世界就是眞實的。所以實際前往現場，透過五感體會的景色，遠比拍攝技術堪稱專業的照片更美、更令人感動。

只有自己親眼所見、親手觸摸的事物才是實體，才是眞實。大腦的思考也同樣是眞實的。而除了充分運用五感的潛意識之外，沒有其他方法能夠搜尋這些値得信賴的眞實事物。

潛意識非常優秀，能夠在我們未曾察覺的情況下充分發揮五感，同時處理無數資訊。所以**透過與潛意識接軌，就能找到與心底深處「想做的事」緊密相關的想法與資訊。**

## 眞正的理解，來自有效的輸入

紙面「小巧」不只有助於輸出自己的「想法」，也能有效地輸入所見所聞的資訊。自己與朋友同事的對話、媒體上介紹的內容等，日常生活中有著許多似乎能夠派上用場的資訊。「我原本不知道！」、「好厲害！」、「太扯了！」看著這些可能發揮作用的資訊讚嘆的經驗，幾乎每天都會來一次吧？

即使想將這些資訊記錄下來，也因爲便利貼的版面有限，不可能寫得又臭又長，只能簡單扼要地寫下。

而用自己的言語濃縮資訊能夠加深理解，幫助資訊有效輸入。所謂的濃縮就像是「簡而言之就是這樣」、「換句話說就是如此」、「只要這樣做就對了」等。

這代表理解是必然的。

手機與電腦等數位裝置能夠複製&貼上，確實很方便。但光靠這樣無法理解。而缺乏理解就如同死背硬記，完全派不上用場。

**只有寫在便利貼上，透過自己的思考過濾，換個說法進行摘要，資訊才能發揮作用。**

潛意識層級的資訊、價值觀與感受，就如同腦神經細胞或神經突觸接二連三形成新的通路一樣彼此結合，逐漸生成「想做的事」的拼圖片。

**需要珍惜的是源自於自己腦內，由自己發出的資訊，例如想法、感受、心情、情緒、直覺、第六感等。**因爲這些資訊全世界獨一無二，但因爲並非一開始就以言語的形式呈現，所以立刻就消失無蹤。

這些訊息只存在自己的腦海裡，消失了就不知該從何找起。而誕生這些資訊的潛意識領域，就如同宇宙空間一般浩瀚無垠，一旦迷失，就很難再找得回來。

基於這樣的背景，接下來要介紹的第五項特色「沒有封面」才能發揮實力。多虧了「沒有封面」，才能捕捉所有源自於自己的獨一無二思考，沒有漏網之魚。

### 便利貼的驚人特色！⑤

## 「沒有封面」，瞬間捕捉靈感

便利貼的第五項特色是**「沒有封面」**。正因爲沒有封面，所以不需翻頁就能立刻記錄。而多虧了這項特色，才能**捕捉靈光一現的想法，避免錯過。**

大多數的靈感，都與「想做的事」息息相關，是自己獨一無二的「想法」，例如實現願望的方法、煩惱的解方、價值觀與關注的事物等。所以捕捉瞬間靈感的便利貼不可或缺。

我們能夠儲存在短期記憶中的資訊量微乎其微，一次能夠記得的項目頂多只有三、四個（magical number）。只要觀察車牌、電話號碼、郵遞區號就會清楚發現，每組數字最多只有四位數，而且都控制在三組以內。這是因爲再多就記不住了。

不只能夠記得的資訊量有限，記憶維持的時間也不長，很快就會遺忘。而一旦忘記，這些源自於腦內的獨創「想法」，就不是那麼簡單能夠找回來。

你是不是也有過原本要去隔壁房間拿東西，結果一走進去就忘記自己要拿什麼的經驗呢？

所以我們才會「寫下來」以避免忘記。當然，筆記本、記事本、手機等都能記錄，那麼我爲什麼要堅持使用便利貼呢？**因爲便利貼是能夠最快記錄的工具。**

便利貼「沒有封面」，不需要翻頁就能寫。而正因爲「沒有封面」，所以隨手就能記，能夠即時將看不見的思考瞬間轉換成具體文字。這一秒微不足道，但這一秒就是關鍵。

## 即時記錄，不錯過靈感祕訣

靈感是寶物，但靈感神出鬼沒，稍縱即逝。自己發送的資訊中，最棘手的思考其實就是靈感。

靈感是活的，樣貌瞬息萬變，並以猛烈的速度四處逃竄，稍加猶豫就會消失無蹤。有句話說「逃掉的魚最大」，而爲了避免靈感溜走，記錄的速度就是關鍵。

正因爲如此，必須**將「想法」、「立刻記錄」在「沒有封面」的便利貼上。**這份記錄沒有要給任何人看，所以不需要選擇言語。語氣轉折不重要，**文句是否通順也不用管，關鍵就是寫下來**。

靈感經常在通勤、洗澡、上廁所時，不顧時間與場合就冒出來。因此請在靈感容易現蹤的場所隨時放上一疊便利貼吧！

我也在家裡的每個角落準備便利貼，例如在寢室放著附有LED小燈的便利貼組，在浴室放著防水便利貼與鉛筆等。

# 只要使用便利貼，任何人都能找到「想做的事」

**透過便利貼找到的「想做的事」，幾乎都是「自己也做得到的事」。**

我自己也因爲便利貼的幫助，找到了許多「想做的事」，每一件都讓人感到興奮雀躍。

這些事情幾乎多到一輩子也做不完，所以我已經果斷地捨棄「不想做的事」，完全不去碰。我現在所做的，全部都是打從心底「想做的事」。

而且不是只有我。接下來將介紹學員在學習如何找到「想做的事」後所分享的心聲，供大家參考。

「我原本不擅長深入去想自己的事，但藉由寫在便利貼上的步驟，**逐漸能夠看清楚自己今後想做的事，以及能做的事**。」

——A. I.，40多歲女性

「我擺脫了那種『活在別人的人生裡』的感覺，**掌控人生讓我培養出『自我意識』**。」

——H. H.，20多歲女性

「短短的三個月就改變了我的世界觀。**雖然也覺得成年後的這幾十年有點白活，但我開始對往後的人生懷抱著夢想**。人只要活著，每天都不斷地在進行選擇，而我覺得自己終於成為在大方向不會選錯的人。」

——M. O.，50多歲男性

「我找到了想做的事，**也開始能夠存錢了**。」

——M. S.，20多歲女性

「**身邊的人都說我整個人的氣場改變很多**。我或許解放了某種自己原本壓抑的事物吧？」

——T. K.，30多歲女性

「**最大的收穫就是發現了過去未曾察覺的自己。**便利貼的效果真驚人，我想要更加熟練地運用潛意識。」

——Y.K.，40多歲男性

「我從使用便利貼湧現的靈感中，挑出令人期待的事物，並且積極去嘗試。結果各種資訊都串連起來，**開始在自己腦中展現新的形式**，進步的程度連自己都吃驚。」

——S.K.，30多歲男性

「我每天都因為充滿想做的事而雀躍，**家庭收入也提升到兩倍以上**。」

——I.A.，30多歲女性

以上介紹了部分學員的心聲。一旦找到「想做的事」，世界觀就會改變，每天變得充實，生活也完全翻轉。

這些學員因爲沉迷於想做的事當中，幾乎廢寢忘食，所以每天都快樂無比。

就連不是在做「想做的事」時，也止不住這種興奮雀躍的感覺。

他們能夠具體想像自己在未來持續投入「想做的事」的樣子，確實感受到生活的幸福。這也是理所當然，因爲他們不是過著別人強行安排好的人生，而是**以自己的方式，走在自己選擇的人生道路上。**

# 第1章

# 使用便利貼將「想法」化爲言語

# 使用便利貼聚焦在願望

**本書的目的是「找出想做的事」**。而「想做的事」只存在於自己的腦海裡，因此除了「思考」之外別無他法。便利貼像就玩貼紙一樣有趣，所以在不知不覺間，就連「思考」也變得愉快起來。

只要使用便利貼，就能瞬間將「想法」化爲言語，並且整理得條理分明，還能實際拿在手上編輯。而需要做的，就只有「寫下」、「貼上」與「重新排列」這三個步驟而已。

**首先是透過「寫下」，把自己的「想法」化爲言語。**

話說回來，人類爲什麼會思考呢？

**人類思考的目的是爲了解決煩惱、實現願望。**換句話說，思考帶有目標與目的性，因此懷著目的與目標的人就會不斷地思考該如何解決煩惱、實現願望。

那麼就**請大家試著寫下自己的「願望」作爲暖身吧！**例如想要實現的心願，或是想要解決的煩惱等，作爲使用便利貼的練習，這就像是在神社的繪馬或七夕的短籤寫下願望一樣。

- 你會在神社的繪馬或七夕的短籤上寫什麼呢？
- 你前往神社或寺廟參拜時，會向神明祈求什麼呢？
- 你會面對著神龕或佛壇祈禱什麼事情呢？

請將這些願望寫在便利貼上吧！**因爲便利貼具有與繪馬、短籤同樣的效果。**金錢、健康、工作、學業、家庭或人際關係等，任何願望都可以。例如「增加收入」、「健康長壽」、「住在舒適、環境良好的房子裡」、「過著健康的飲食生活」、「和家人一起愉快旅行」、「解決人際關係的困擾」、「從事喜歡的工作」、「把孩子培養成能夠賺大錢的成年人」等，試著把想到的事情全部寫下來。

之後會再重新排列，所以最好寫在2.5公分×7.5公分的便利貼上，至少寫八張。

繪馬與短籤能寫的面積都很小，所以無法寫多餘的事。如果去看掛在神社的繪馬就會發現，願望全部都寫得簡短、濃縮，很少有人用細小的字體把空間塞得滿滿吧？七夕的短籤也一樣。

就像這樣，繪馬與短籤寫不了多少內容，所以自然會聚焦在最重要的核心願望。

**便利貼也是同樣的道理，能夠把焦點擺在核心願望上，並以簡短的語句精準表達。**

### 圖5 試著把願望寫在便利貼上

## 寫在 2.5 公分 ×7.5 公分的便利貼上

- 增加收入
- 和家人一起愉快旅行
- 健康長壽
- 解決人際關係的困擾
- 住在舒適、環境良好的房子裡
- 從事喜歡的工作
- 過著健康的飲食生活
- 把孩子培養成能賺大錢的成年人

▼

**便利貼具有與繪馬及短籤相同的效果。**
**請用簡短的語句精準表達。**

# 使用便利貼具體妄想，就能連結潛意識

寫便利貼時有個值得一試的小技巧，那就是**想像自己在未來實現願望的樣子**。請將那時的情景在腦中化爲影像，就如同觀賞電影的一個場景一般，試著在身歷其境的感受下發揮妄想。

如果你的願望是「找到想做的事」，那麼你腦中所浮現的畫面或許就是每天過得既興奮又充實，並獲得家人與朋友的讚嘆。如果你的夢想是變得富有，那麼你腦中的場景說不定就是靠著原本只有夫妻兩人的副業創業成功，長期在夏威夷度假享受生活。

首先就請**試著恣意妄想那令人興奮雀躍的未來吧！**如果影像清楚浮現，也請模擬那時的心情，露出得意的笑容。若是妄想足夠眞實，讓人忍不住嘴角上揚，那麼實現的機率就會提高。

只有具備智慧的生命體才懂得妄想，因此妄想時請懷著自信，因爲妄想正是文明與文化發展至今的原動力。科幻小說也是妄想，但以前的科幻小說所描寫的內容，已經接二連三化爲現實。

伊隆・馬斯克、史蒂夫・賈伯斯、馬克・祖克柏、傑夫・貝佐斯全都是重度科幻迷，而科幻迷熱愛妄想，或許正因爲如此，他們才得以妄想出新的事業，並且獲得成功。

思考在「意識」與「潛意識」的攜手合作之下展開。我們（意識）無法走進潛意識的範圍。因爲潛意識是掌管生命維持的神聖領域，是「神的領地」，就連一窺究竟都不被允許。

但**如果能夠具體妄想並明確地寫在便利貼上，就能連結潛意識，提高實現願望的可能性。**因爲這麼做就能透過便利貼來掌控潛意識，發揮神一般的潛在能力。所以我才會說這是**「神可貼（神奇便利貼）」**。雖然只是「紙本便利貼」，卻是「神奇便利貼」。便利貼說不定是人類史上最強大的媒介。

潛意識雖然優異如神，但另一方面卻有著強烈的個性，因此言語的使用必須十分講究。

舉例來說，潛意識無法理解否定句，如果在高爾夫球場上祈禱「絕對不要打進水池！」，球就會被吸進水池裡。

此外，潛意識也無法區分過去、現在與未來。因此如果祈禱「我想變有錢」，就會永遠都維持想要變有錢的狀態，結果一輩子都無法變得有錢。

所以在寫便利貼時，**請務必使用肯定句成表達理想實現的狀態，例如「我變得很有錢」。**

## 圖6　不能寫在便利貼的句子

### 1 否定句

潛意識無法理解否定句，所以即使許願
「我不要變成〇〇」，最後也會得到「變成〇〇」的結果。

### 2 未來式

潛意識無法區分過去與未來，因此如果許願
「我想變成〇〇」，就會維持「想變成〇〇」的狀態，
願望永遠無法實現。

▼

**便利貼上請永遠使用肯定句**
**寫下理想實現的狀態！**

# 一張便利貼 只寫一則訊息

**寫便利貼的時候，請每張便利貼只聚焦一個願望**，不能一張便利貼寫好幾個。願望當然愈多愈理想。擁有許多願望固然好，但就步驟而言，請按部就班鎖定目標，因爲**這麼做更容易掌控潛意識。**

只要去看報紙或雜誌的標題，就很清楚箇中道理。標題只會寫一項想要傳達給讀者的訊息對吧？

廣告之類的標語也只會寫一則訊息。因爲如果不是看一眼就能瞬間理解的標題或標語，讀者就會視而不見。

那麼，如果有好幾個願望，該怎麼辦呢？若是有五個願望，就請寫五張便利貼。

便利貼與繪馬及短籤的不同之處就在於張數沒有限制，所以想寫多少就寫多少，寫得愈多，就愈容易找到「想做的事」。

寫完之後請貼在筆記本的最後一頁保管，以避免遺失。

再者，爲了在外出時能夠立刻記錄刹那間閃過的靈感，建議隨身攜帶便利貼。只要使用全背膠便利貼並集中貼在記事本內側，就不會捲曲或折損。我會在掀蓋手機殼內側插入打底紙，將便利貼集中貼在上面，寫完則貼在打底紙背面保管以避免遺失，之後再貼進筆記本裡。

無論如何，第一時間閃過腦中的想法就是最眞實的心情，所以請不要把這個想法擺在一邊，愉快地妄想並寫下來吧！

# 寫下「太棒了！」、「原來如此！」，就能發現價值觀與關注的事物

寫下願望之後，終於要進入正題。人生目標就是自我價值觀×社會需求對吧？所以只要將「自我價值觀」與「社會需求」變得具體可見，自然就會發現想做的事。

首先就從把**「價值觀」**轉換成言語開始。

前面提過，**價值觀指的是判斷對錯及善惡的標準，以及個人的好惡。**而信念、信條、行動方針等也來自於價值觀，因此指的是相同的事情。價值觀並非基於道理，而是靈魂深處的信仰，所以無可動搖。

成功將價值觀化為言語的人最強大。因爲價值觀將成爲各種行動與決斷的決定性動機。

至於「社會需求」原本事不關己，但只要戴上價值觀這副眼鏡，「社會需求」就會

被當成是自己的事情。換句話說，僅僅憑著價値觀，別人的事就變成自己的事，潛意識在這一瞬間產生了劇烈的變化。

原本行動緩慢的潛意識，把社會需求當成了自己的事情，於是就突然開始全力以赴。潛意識的能力是意識的二十倍，因此這就像是背後突然出現了二十人的啦啦隊。

而且啦啦隊還不是只有潛意識，價値觀將成爲號召與正當性，因此認同與支持的人必定會出現。

除了價値觀之外，還有另一項事物也會成爲強大的動機，那就是**「關注的事物」**。所謂**「關注的事物」指的是那些感興趣的、在意的、想要探究的、充滿熱情的事物。**

研究員、冒險家、運動選手與藝術家等人，與其說是價値觀，倒不如說是追求卓越與探究的心情促使他們有了更強烈的動機。如果是這種情況，「關注的事物×社會需求」就成了人生的目標。

社會需求存在於自己之外，因此容易發現。相較之下，價値觀與關注的事物只存在於自己腦中，是潛意識之內的模糊意象，無法化為言語，需要花時間才能找到，所以價值觀與關注的事物是最重要的工具。

**想做的事取決於價值觀與關心的事物。如果能夠化為言語，潛意識就能將其當成自己的事情並拿出眞本事，這就相當於已經成功九成了。**

價值觀與關注的事物範圍廣泛，全部寫出來將會沒完沒了，因此寫的時候請聚焦在工作、金錢、家庭、健康與嗜好等感興趣的領域。

具體做法是，就是**將「感動的事」與「可能有幫助的事」立刻記錄在便利貼上**。

「哇喔！」、「好厲害！」、「眞有你的！」、「做得不錯嘛！」、「正合我意！」、「咦～原來是這樣啊！」、「太棒了！」、「太好了！」、「眞開心！」、「嘿嘿！」、「眞得意！」、「太爽了～」、「沒錯吧！」、「太猛了！」每天至少會有一件事讓你忍不住如此讚嘆吧？這些就是「感動的事」。

除此之外，有時候也會覺得「原來如此！」、「竟然有這個方法！」、「我居然不知道！」、「早說嘛！」、「這個我要學起來！」、「想到就興奮！」、「完全停不下來！」、「超喜歡！」、「想要研究看看！」這些就是「可能有幫助的事」。

而記錄這些「感動的事」與「可能有幫助的事」的字裡行間，必定會反映出價值觀與關注的事物。

舉例來說，假設你在偶然轉到的電視節目中，看到知名藝人做出這樣的總結**「分享失敗經驗就是貢獻社會」**，聽完覺得很感動「這句話太棒了！」、「眞不愧是知名藝人！」並且記錄下來，而這份筆記讓你腦中浮現**「應該運用自己的失敗經驗來改善社會」**的價值觀，於是你也將這個發現加註在一旁。

**「爲什麼會有這種感覺」、「爲什麼會這麼做」，其理由與動機（WHY）就是價值觀。**

以我爲例，我會覺得「應該運用自己在建立資產時的失敗經驗來改善社會」，因此我會在便利貼上從感動的內容→自己的價值觀依序寫下，例如**「分享失敗經驗就是貢獻社會→應該運用自己在建立資產時的失敗經驗來改善社會」**。

此外，當你讀到**「貼上便利貼就會湧出大量多巴胺」**這一段時，是否讚嘆「我本來不知道！」、「好像很有用！」並覺得似乎能夠帶來幫助呢？如果你會這麼想，就代表**便利貼本身（WHAT）或運用便利貼的方法（HOW）就是你關注的事物。**「可能有幫助的事」與其說是價值觀，倒不如說更大一部分屬於關注的事物。

所以能夠從在意的內容→自己關注的事物依序書寫，例如**「貼上便利貼就會湧出大量多巴胺→徹底研究便利貼能爲工作帶來幫助」**。只要這麼做就能改變人生，不試試就太可惜了。

### 圖7 寫便利貼的方法

## 寫在7.5公分×7.5公分的便利貼上

**價值觀**

分享失敗經驗
就是貢獻社會
→應該運用自己在
建立資產時的失敗經驗
來改善社會

**關注的事物**

貼上便利貼
就會湧出大量多巴胺
→徹底研究便利貼
能為工作帶來幫助

**「感動的事」寫的是「價值觀」，**
**「可能有幫助的事」寫的是「關注的事物」**

只要像這樣持續記錄「感動的事」與「可能有幫助的事」，自己的價值觀與關注的事物就會浮現，並且逐漸「化爲言語」。

這些保存下來的便利貼紀錄，隨後將會用於重新排列，因此數量愈多愈好。如果心裡想著之後再寫絕對會忘記，想到就立刻動筆記錄是鐵則。

附帶一提，看到「分享失敗經驗就是貢獻社會」與「貼上便利貼就會湧出大量多巴胺」時，浮現的價值觀與關注的事物因人而異。因此我訪問了一些人，看看他們實際上有什麼感想，提供給各位參考。

**【分享失敗經驗就是貢獻社會】**

- 應該將笨拙帶來的失敗運用到社會上
- 所有人都應該懷抱著自信
- 世界上沒有無用的經驗
- 這就是失敗爲成功之母
- 不要害怕失敗，應該勇於挑戰

**【貼上便利貼就會湧出大量多巴胺】**

- 我想用便利貼打造光明未來
- 我想用便利貼引導出沉睡於自己腦中的言語
- 我要用便利貼來整理因爲育兒、家事與工作而混亂的思緒！
- 用便利貼來活化大腦，將想法轉換成言語吧！
- 用便利貼來提高工作效率與衝勁吧！

價值觀或許會與關注的事物混爲一談，但是請不要在意，想到什麼就寫下來。

# 因爲是便利貼，立刻就能開始寫

每個人都一定會有情緒被觸動的瞬間，因此請立即動筆開始寫。**一旦寫了第一張，第二張之後就能運筆如飛。只要每天持續寫下、貼上、分泌多巴胺，就能養成習慣，這就相當於將九成的成功掌握在手裡。**

今天有沒有什麼「感動的事」或「可能有幫助的事」呢？當然本週、本月或今年也無所謂。想到什麼就寫什麼。

舉例來說，假設當你聽到太太說「這個社區的安親班接送服務眞的很棒」時，心想「搬家眞是太好了！」從這裡就能一窺你對居住環境的價值觀。這時可以寫下**「搬家眞是太好了！↓居住環境很重要」**。

家人之間的不經意對話、孩子出乎意料的話語、生活周遭偶然發生的小事等，想必無數場面都可能觸動內心。只要**隨手將這些觸動內心的場面用自己的話記錄下來即可**，因此立刻就能開始。

睡前刷牙或泡澡時，會回顧這天的事情。**寫便利貼的訣竅就是盡可能以正面的事情爲主**，但如果冒出了負面的想法，也可以寫出來後丟掉。

舉例來說，假設你回想起今天通勤時在車上讓座給老人家，結果對方連連道謝，你雖然覺得有點害羞，卻也神清氣爽，就可以將這份心情迅速寫下，因爲其中反映體貼弱勢的價值觀。

這種時候可以這麼寫**「讓座給老人家，一整天都神清氣爽↓要善待弱勢！」**

自己覺得理所當然的事，或是微不足道的小事，其實出乎意料的重要。如果腦中冒出了這樣的事情就記錄下來，尤其是入睡前或早上剛睡醒時浮現於腦中的念頭，更是超珍貴的思考。至於根據重要度與內容篩選「整理」，是「貼上」這個步驟的事情，現在總而言之就專心「寫下」吧！

像這樣將「感動的事」與「可能有幫助的事」與價值觀及關注的事物一併化爲言語，就會成爲「想做的事」的零件之一。**首先就從最簡單的一天一張開始吧！**

## 模仿尊敬的人或崇拜的人的生活方式

只要有意識地環顧四周，就會發現到處都是「感動的事」與「可能有幫助的事」。

你是否也曾因爲連續劇或漫畫的某一幕或某句經典台詞而感動呢？日劇《東大特訓班》中，阿部寬所飾演的櫻木老師有這樣一句經典台詞：

「笨蛋和醜八怪都給我上東大！」

這句台詞也會讓成年人起雞皮疙瘩，因爲成人出社會後經歷過嚴酷的現實。所以，如果從中發現到價值觀，就一併加註在旁邊吧！

**「笨蛋和醜八怪都給我上東大！↓孩子的教育最重要，出社會後也應該持續學習」**。

綜藝節目也會冒出如「沒有任何工作比家庭更重要」之類的金句，這時候就可以像這樣寫**「沒有任何工作比家庭更重要↓家庭最重要！應該支持重視家庭的人」**。

除此之外，大家也會因爲歌詞而感動到起雞皮疙瘩，或是在觀賞紀實節目時驚呼「我原本不知道！」對吧？

偶爾也會有一、兩次，被無意間聽到的名言或格言打動，覺得「哇！」、「就是這樣」，不是嗎？

名言與格言濃縮了普世認同的價值觀，如果能夠打從心底產生共鳴，那就是一輩子的寶藏。倘若運氣好遇到了，那就不要客氣借來用吧！

如果還有餘裕，不妨主動出擊尋找，不要只依靠偶然。

**我最推薦的方法就是「閱讀」**。不只閱讀商業書，也可以閱讀小說與漫畫。只要閱讀就能找到觸動內心的金句，請將這些金句直接抄下來，並且在一旁補上透過抄下來的句子所發現的，自己的價值觀與關注的事物。

假設你因為《被討厭的勇氣》而開始對阿德勒產生興趣，接著又讀了《接受不完美的勇氣：阿德勒100句人生革命》，並且從中發現「對他人有貢獻是讓自己幸福的唯一方法」這句名言，覺得「這正是我想說的！」於是寫下**「對他人有貢獻是讓自己幸福的唯一方法↓付出貢獻的人就能得到幸福」**。

如果你被漫畫《宇宙兄弟》中那句「全力以赴的失敗是有價值的」所打動，那麼就可以這麼寫**「全力以赴的失敗是有價值的↓別找藉口，先做再說。沒有理由不行動」**。

此外，你有尊敬的偉人、名人或是崇拜的人嗎？如果有，你想必會好奇他們關注什麼事物，抱持著什麼樣的價值觀生活吧？

如果是偉人或名人，在網路上就能找到無數名言或格言。這些偉大的人所苦思淬鍊出的名言錦句，帶有深刻且耐人尋味的特質。

我一直很崇拜第一位在世界侍酒師大賽中獲得冠軍的日本人田崎眞也。因此儘管與工作無關，我還是去考取了侍酒師證照，並得以藉此接觸田崎先生關於「服務精髓」的價值觀。

而在這個例子中，就是**「能夠輔佐宴會主人的才是眞正的侍酒師↓付出貢獻的人才會得到支持」**。

**對人類而言，價值觀就像是「心靈設計圖」，甚至比「身體設計圖」DNA更加重要**，這也是爲什麼人們會透過思考或價值觀，將想要傳承給後代子孫的事物保留下來，因此我們應該積極模仿並虛心吸收優秀的名言與格言。融合各種人的價值觀，最後你的價值觀將會變得獨一無二，如果能夠再加上一點完全獨創的價值觀，哪怕只有1％也彷彿如虎添翼。所以請放膽去模仿吧！

如此一來，總有一天將會在潛意識中發生化學反應，自己獨創的價值觀與關注的事物等將不知不覺開始增加。所有成功者都靠著這樣的方式壯大。

## 便利貼該寫的是「記錄・補充・日期」這三點

便利貼很小張，沒辦法寫冗長的文章，只能寫下簡短的紀錄，但無論如何都一定要加上「補充」與「日期」。

爲什麼要加上補充與日期呢？因爲寫的時候雖然能夠清楚記得當下發生的事情，但過了一陣子就會忘記。

例如「當時和誰在一起」、「在哪裡」、「什麼情境」、「看了什麼、讀了什麼」、「爲什麼要寫下這件事」、「打算如何應用」等，**如果補充資訊能夠成爲幫助日**

**後回想的線索最爲理想。**補充資訊就像是臉書或X（以前的推特）的標籤（hashtag）「#」一樣，而「#」只要有一、兩個就夠了。

假設你在讀了這本書之後才知道「只要使用便利貼，就能掌握潛意識」，而這時你也發現潛意識是你關注的事物之一，你就可以這麼寫**「只要使用便利貼，就能掌握潛意識↓深入鑽研潛意識的活用法」**。

接下來就只要附上補充說明與日期即可。例如補充說明可以這麼寫「#神奇便利貼第81頁」，最後再寫上日期，例如二〇二三年十一月一日，可以寫成「231101」。

又例如前面介紹過知名藝人的總結「分享失敗經驗就是貢獻社會」。其實這句話是搞笑團體東方收音機的中田敦彥，在二〇一五年十二月二十一日播出的電視節目上所說出的名言。

這時的記錄則可以這麼寫**「分享失敗經驗就是貢獻社會↓應該運用自己在建立資產時的失敗經驗來改善社會#東方收音機中田151221」**。

不管是多微小的事情都請先寫出來看看，至於內容重不重要，之後會再判斷，所以不需要理會。如果在貼的時候發現內容很無聊，到時再丟掉即可，比起內容好壞，多寫一張更有意義。總之就先以八十張爲目標吧！

### 圖8 寫便利貼的方法〈完整版〉

## 為圖 7 所寫的記錄
## 加上補充與日期

分享失敗經驗
就是貢獻社會

→應該運用自己在
建立資產時的失敗經驗
來改善社會

#東方收音機中田151221

**言語化的過程沒有成功也沒有失敗，**
**因此盡量多寫幾張更重要。**

不過，一旦開始就停不下來，所以**「請先依照順序嘗試」**。將價值觀與關注的事物轉換成言語的過程沒有正確答案，除了前面介紹的例子之外，也請參考下列這些範本。

**【價值觀】覺得正確、重要、良善的事情（信念、信條、行動方針）**

- 對我來說，僅次於生命的重要事物是（　　）。
- 對家人而言最重要的是（　　）。
- 活下去最重要的是（　　）。
- 對我來說金錢是（　　）。
- 必須留給孩子的最重要事物是（　　）。
- 工作上必須隨時留心的是（　　）。
- 即使是親朋好友的請託，也只有（　　）絕對不能妥協。
- 如果被說是全世界最棒的（　　），我會打從心底覺得高興。
- 我能夠發自內心尊敬（　　）。
- 如果能夠實現願望，我想成爲（　　）。

- 最後悔的是沒有（　　）。
- 如果是爲了（　　），說不定能夠賭上性命。

**【關注的事物】感興趣的、在意的、想要探究的、充滿熱情的事物**

- 大家都說我在做（　　）的時候最開心。
- 一旦開始（　　），我就會廢寢忘食。
- 只要有（　　），我就會感到療癒。
- 如果是（　　），日復一日做一整天都不會厭倦。
- 如果我能夠更早知道（　　）就好了！
- 只要能從事（　　），人生就沒有遺憾了！
- 如果能再從事（　　），或許就是我最棒的人生！
- 如果做什麼都可以，我想要鑽研（　　）！
- 如果能夠從小學重新來過，我想做（成爲）（　　）。
- 我不知道爲什麼，沒由來地在意（　　）。

・現在最感興趣的是（　　　　　　　　　　　　　　　　　）。

・如果有多餘的時間與金錢，我會去從事（　　　　　　　　　　）。

你有具體概念了嗎？當然，這些範本不足以網羅所有價值觀與關注的事物，所以請利用空檔，試著去想自己感受到什麼樣的價值觀，有哪些關注的事情。

第2章

# 使用便利貼進行「自我探索」

## 貼上便利貼，就能看見自身魅力

尋找想做的事情俗稱「自我探索」，而踏上「自我探索」之旅的人也不計其數。然而，無論旅程持續多久，都很難發現自我，因爲**眞正的自我隱藏在潛意識深處**。所以將潛意識下的思考與記憶視覺化的便利貼，才是最快的捷徑。

**接下來的步驟，就是將便利貼轉貼到筆記本上。**筆記本上會排列出寫在便利貼上的價值觀與關注的事物等「自己的想法」。寫得愈多，自己的想法就會累積愈多。這代表**整本筆記本將成爲自己的映照。**雖然這些或許不到自己思維模式（人格）的1%，卻是自己不折不扣的分身。

隨著貼滿兩本、三本、更多本筆記本，這些累積起來的內容將會一點一滴地貼近自己的人格。至於負面思考即使寫下來也會丟棄，因此筆記本上滿滿都是自己的魅力。正因爲這些便利貼勾勒出自己也沒有注意到的，出乎意料的一面，所以更容易用來找到自己「想做的事」。

所謂的思考，是圖9-1所呈現的，大腦資訊處理系統的統稱。而思考的結果，就是圖9-2所呈現的，言語化的成果（輸出）。請稍微看過去，掌握大致的概念。

當思考的成果與現實之間產生落差的那一刻，就會冒出喜悅、趣味、憤怒、悲傷、驚訝等情緒，而這些情緒也會孕育出新的價值觀與關注的事物。

這些綜合起來所勾勒而出的，就是自己的人格。所以根本不需要踏上探索自我的旅程，只要不斷地寫便利貼，並貼起來即可。持續地貼上、累積便利貼，就能如地層一般，層層堆疊出自己的理想人格。

「想做的事」會從累積的便利貼中自然浮現，不需要著急。

**總之就先把自己的「想法」化爲言語，並貼上便利貼吧！**

## 圖9-1 大腦的資訊處理

| 3 種類型 | 意識下的思考 | 潛意識下的思考 |
| --- | --- | --- |
| ①寫下 | 將思考**言語化**<br>（輸出）<br>理解別人傳遞的資訊<br>（輸入） | **認知**資訊<br>牢記資訊<br>搜尋資訊 |
| ②貼上 | 分類資訊<br>爲資訊建立連結<br>**整理**思考<br>抽象化・具體化 | 牢記資訊<br>辨識資訊<br>**搜尋**資訊 |
| ③重新排列 | **編輯**思考<br>對比・分析<br>抽象化・具體化<br>推論・計算<br>判斷 | **熟成**思考<br>抽出思考<br>決斷 |

※粗體字是各步驟的典型思考。
※圖9-1與圖9-2的內容是作者個人的感覺，實際狀況因人而異。

## 圖9-2 思考成果的範例

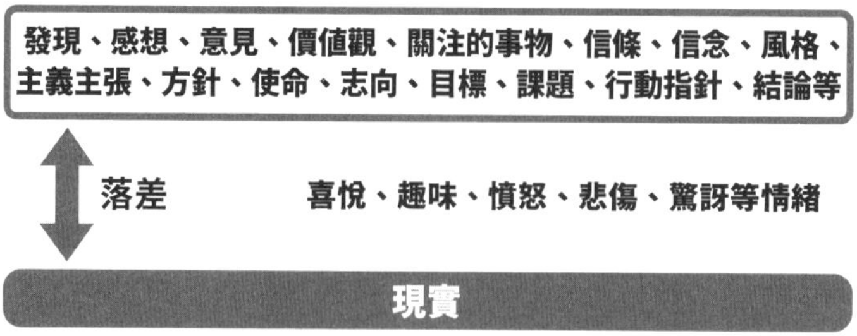

## 依照時間順序排列，就能整理「思緒」

寫著「感動的事」與「可能有幫助的事」的便利貼，都是與「想做的事」相關的便利貼。

這些全部都是爲了發現「想做的事」而轉換成言語的「想法」，因此貼在私人筆記本上。爲了攤開就能一目了然，請將第1頁跳過，從第2頁開始貼。

貼的時候依照時間順序排列，因爲人類的記憶對時間感與空間感特別敏銳，只要依照時間順序貼上，自然就能整理思緒。

**「貼上」這個動作，能夠在物理上爲想法「建立連結」**，這麼一來就能將思緒整理清楚，並刻劃在記憶裡。**而將便利貼轉貼到筆記本上，也更容易「搜尋」整理好的「想法」。**

我推薦使用版面寬敞的A4大學筆記本。如果使用7.5公分的方形便利貼，一頁可以貼六張，攤開一個跨頁可以貼十二張。

貼到筆記本上的便利貼，也方便翻閱瀏覽。能夠以寬敞的視野掃過整個跨頁，因此方便大致掌握自己的「思考」傾向、關注的領域等，抽象思考就能在不知不覺間進行。如此一來便大功告成，「自我探索」將突飛猛進。

**貼滿便利貼的筆記本，將成爲大腦的外接硬碟，發揮幫助大腦記錄資訊的作用。**只要**把便利貼轉貼到筆記本上，就能成爲大腦的索引或資料庫。**

## 圖10　將便利貼轉貼到A4筆記本的方法

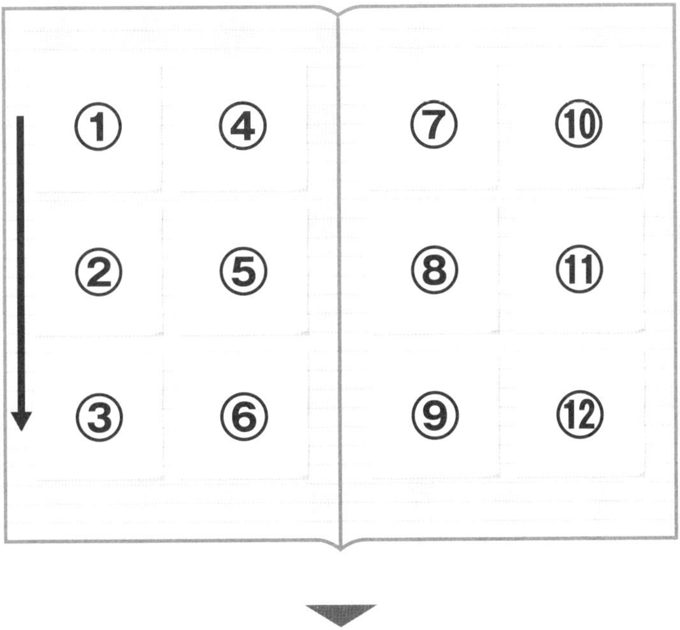


**使用7.5公分的方形便利貼，1頁貼6張，攤開一個跨頁貼12張**

# 貼上便利貼，調整內心狀態

便利貼上寫著自己的價值觀、關注的事物、名言與格言等重要內容，因此能夠發揮與信念（credo）相同的作用。

信念是員工銘記於心的信條與行動方針。舉例來說，麗思卡爾頓飯店（Ritz-Carlton）就因爲要求員工隨身攜帶「信念卡」而聞名。製成卡片隨身攜帶，就能在零碎時間反覆閱讀，這麼一來既能誕生各種發現與靈感，核心價值也不會動搖。

便利貼也是一樣，每次攤開筆記本都能瀏覽。**當思考碰壁或遇到困難時，只要瀏覽便利貼就能安頓心靈。**便利貼必定會爲你加油，拯救你於絕境。

**而將特別有感的便利貼從筆記本撕下來隨身攜帶，會有意想不到的好處。**

我會隨身攜帶便利貼記事本，裡面貼著格言與名言，有空檔時就看一看並刻劃在心底。只要一秒就能重整心情，恢復平靜。

舉例來說，不妨將下列這些名言當成護身符隨身攜帶吧（例句的末尾省略的日期，請將自己寫到便利貼的日期補上去）！

- 我要成爲航海王！→朝著目標持續前進是有價值的　#航海王
- 如果放棄，比賽就結束了→無論如何都不能輸給自己　#灌籃高手
- 不要害怕低頭、丟臉與滿身泥濘。但是不能弄髒自己的心→放棄虛張聲勢，彎下腰來最重要　#金剛西野亮廣
- 持續100％做自己→爲了持續做自己，必須將自我轉換成言語　#富永愛

● 先有自信，之後再取得成績與證明→毫無根據的自信，能夠帶來成功的人生　#西村博之

● 我想要的東西，你絕對給不了→最重要的事物只存在自己心中　#神隱少女

● 戰爭比的不是「人數」，而是「人」→所有一切都取決於「人」　#王者天下

● 思考就是手工藝→「思考」就是「書寫」　#艾曼紐・陶德

# 爲便利貼建立連結，更容易回想

**「貼上」便利貼，就能在物理上將「想法」與資訊，在相當於外接硬碟的筆記本上**

建立連結。

無論是大腦還是電腦，都內建透過互相連結來「整理」的機制。

大腦的海馬迴，會自動將資訊分配到最適當的位置，例如語言分配到前額葉、圖片和影片則分配到視覺皮質等。而分配時爲了避免這份記憶迷失，會在腦內建立連結。

但建立連結每天都在進行，因此人類腦內的新舊記憶就會彼此干擾，導致隨著時間流逝就愈來愈難回憶。「咦？是什麼來著？就是那個啊！那個！再差一點點就要想起來了」你也有過這樣的經驗吧？

「遺忘」並不是記憶本身消失的現象，而是搜尋不到的現象。所以那些原本以爲遺忘的記憶，會在某個契機之下鮮明重現。就像因爲忘記收在哪裡而找不到的東西，會在因緣際會之下而突然發現一樣。

而貼上便利貼，不僅讓資訊與思考在腦內以情境記憶的形式建立連結，也會在物理上與貼上的位置建立連結。例如貼在公司筆記本上，就會連結到工作，而貼在私人筆記本上，則會連結到「想做的事」。

貼便利貼時，也會看見先前貼上的便利貼，所以還會連結到其他與「想做的事」有關的便利貼所寫的思考與資訊。記憶因爲經過了重重連結而更加強化，最後更能有效地運用「搜尋」這項潛意識的思考。這代表**「想法」與記憶變得更容易回想起來了。**

## 利用便利貼搜尋，挖掘腦內抽屜的思緒

貼上便利貼，就能有意識地搜尋「想法」與資訊，只要翻閱依照時間順序貼上便利貼的筆記本尋找即可。

「感動的事」與「可能有幫助的事」，都已經在便利貼上轉換成簡短的言語，並且排列在筆記本上。因此寫在每一張便利貼上的「想法」與資訊，都必定連結到腦內記憶的某個抽屜。

因此，想要尋找某項提示時、想要喚回記憶時，就從最新的頁面開始依序搜尋。

前面提過，人類的記憶對於時間感特別敏銳，所以通常會知道想要回想的記憶大概發生在什麼時候。

「嗯？我記得在大約一年前參加的講座上，提過關於這點的有趣案例，到底是什麼呢？」當你這麼想的時候，就以貼著當時便利貼的頁面爲中心，搜尋前後的頁面，這麼一來就有很高的機率能夠找到。

而只要找到便利貼，就會看到寫在上面的「記錄・補充・日期」，因此能夠喚回連結的記憶。

此外，即使將便利貼撕下來隨身攜帶，或是爲了利用思考框架而撕下來重新排列，那個位置也會空下來，只要稍加翻閱，立刻就會發現原本貼在哪裡。

就像這樣，**只要翻閱筆記本並回溯時間軸，過去的情境與記憶就會歷歷在目。**

如果要比喻，這就像是依照時間排序的手機相簿。只要滑一滑，就能透過照片回憶起當時發生的事情吧？貼著便利貼的筆記本也具備類似的效果。

翻閱貼著便利貼的筆記本頁面，就會回想起「這麼一說，那個時候我是這樣想的！」、「現在的副業能夠順利，都要歸功於當時的想法啊！」等，而相關記憶也會像粽子串一樣被一同拉起來。**貼著便利貼的筆記本，正是不折不扣的思考相簿。**

即使在看到便利貼的那一刻，不巧還是想不起來當時的情境，潛意識還是會持續搜尋，所以只要連結沒有斷裂，之後還是會突然回想起來。

## 鳥眼視角與蟲眼視角，切換思考透鏡

當便利貼轉貼到筆記本、白板、桌面或牆面等寬敞的平面時，就能綜覽整體內容。

這時若能適當區分透過從高處俯瞰整體的「鳥眼視角」，以及從近處觀察具體細節的「蟲眼視角」，就能導出最合理的答案。

換句話說，就是**靈活切換思考鏡頭，有時瀏覽整體以「鳥眼視角」進行抽象思考，有時將意識聚焦在每一張便利貼上，以「蟲眼視角」進行具象思考。**

以報紙爲例。我們看報紙時，會先掃過分布在大幅版面上的所有「標題」吧？貼著便利貼的筆記本也一樣，攤開時會先掃過所有貼在一個跨頁的便利貼。這時的思考鏡頭，就會切換成瀏覽整個版面的鳥眼視角（廣角鏡頭），因此抽象思考就能活化。

而在報紙上發現感興趣的標題時，則會將意識聚焦在這則報導的詳細內容吧？貼著便利貼的筆記本也一樣，感興趣的便利貼會牽引記憶與想法。這時的思考就會切換成能夠清楚看見細節的蟲眼視角（特寫鏡頭），使具象思考變得活躍。

筆記本上的便利貼就是轉換成言語並排列整齊的自我人格。請透過這一張張的便利貼，將寫在上面的情境記憶帶出來，具體地回想當時的經過與背景吧！

# 便利貼映照出眞實的自己

閱讀本書時也嘗試跟著寫便利貼的人，請回頭看看自己陸續記錄的便利貼。這時就會發現自己感興趣的事物、感動且心動的事物，都已經化爲言語。

各位看著這些便利貼，或許會驚訝於「原來我有這樣的一面！」因爲上面**反映出自己也未曾發現的優點**。

有些人或許會發現自己原來是個樂於助人、爲對方著想，並且珍惜家庭的人，於是心頭湧現暖意。

有些人或許會覺得莫名驕傲：「原來我如此深入思考社會上的事情！」

或許也有人原本總覺得自己沒什麼大不了，這時卻發現了自己的厲害之處：「我說不定還滿有一套的！」

當各位重新瀏覽整體時，是否會覺得練習時寫下的願望，看起來也變得有點不一樣了呢？

當各位把轉換成言語的價值觀、關注的事、願望等全部掃過後，是否感受到了某種關聯性，覺得似乎有某個部分是互通的呢？

**因爲你將過去未曾察覺到的事物「視覺化」了，這時即使只將少少的一部分寫下來，也必定能夠實際感受到效果。**

感覺敏銳的人，在開始將價值觀與關心的事物轉換成言語時，就已經發現了「想做的事」。

但這還只是入門，因爲從第3章起要進行的「重新排列」開始，就會感受到翻天覆地的驚人效果，便利貼中所蘊含的威力就是如此超乎想像。

第3章

# 使用便利貼熟成「想法」

# 掌握全世界最簡單的思考框架

我們在前面已經透過寫下與貼上，將「想法」轉換成言語，並進行了整理。雖然只是簡單的「模式」，卻能讓腦袋更加清晰。便利貼就像是自己人格的一部分，因此只要翻閱筆記本，就能看見「自己前進的方向」。這是因為與「想做的事」有關的思考，從大腦分離、萃取出來並逐漸熟成。

雖然像釀造葡萄酒般，耐心期待熟成也不錯，但**如果想要縮短熟成時間，「重新排列」便利貼就是重要步驟。**

光是「重新排列」，就能獨自開始進行「編輯」這項思考。接下來只要逐一審視便利貼（蟲眼視角），並綜觀整體（鳥眼視角），就能切換思考的鏡頭，加速思考的熟成。

而重新排列時，最有效的方法就是**「思考框架（framework）」**。思考框架是思考與分析的架構或格式，便利貼也非常適合套用格式。

思考框架乍聽之下似乎很困難，但其實任何人都能駕馭，請不用擔心，本書使用的只有最單純的**「曼陀羅思考圖」**而已。

只要重新貼上便利貼，就能將便利貼式曼陀羅思考圖（以下簡稱便利貼曼陀羅）完成。**「想做的事」是達成「人生目標」的手段，因此首先請將「人生目標」轉換成言語吧！**

「人生目標」指的是透過貢獻社會來實現自我。

所謂的貢獻，就是回應社會需求（實現願望與解決煩惱）。而做出回應的是自己，所以符合自己的價值觀就是最低條件。不符合就無法長久持續，如果價值觀符合，「社會需求」就能成爲自己的事情，進而產生「成就感」，並且沉迷其中。因此「人生目標」可以寫成下列公式：

**人生目標＝自我價值觀×社會需求**

寫成句子就會變成：

- **我的人生目標是爲了實現○○價值觀，而回應●●這項需求**

「人生目標」只不過就是「自我價值觀」與「社會需求」的組合。如果能夠找到這兩者，自然就發現「想做的事」。而對某些人而言，比起價值觀，關注的事物有時更能成爲決定性動機。這種情況下，「想做的事」就變成這樣。

- **我的人生目標是爲了鑽研○○這項關注的事物，而回應●●這項需求**

我們在前面已經寫下並儲存了許多「感動的事」與「可能有幫助的事」，價值觀與關注的事物早已轉換成言語。所以在不知不覺間，「想做的事」已經累積了一半。而價值觀與關注的事物會帶給「想做的事」最大的影響，因此實質上相當於完成了九成。

接下來只剩下萃取出「社會需求」便大功告成。而這個部分，只要重新排列練習時寫下的「願望」即可完成。

## 「社會需求」源自於願望

尋找「社會需求」的方法也五花八門，但我們可以利用全世界最簡單的方法來發現。那就是**爲願望加上「這是爲了誰」的角度**。只要做到這一步，願望就會轉變成爲「社會需求」。

〈序章〉中提到，「變得有錢」、「健康長壽」和「享受嗜好及旅行」都只是單純的願望，因爲這些全部都是「爲了自己」。

這時，請將主詞從「我」換成「你」或「大家」。如此一來就會變成「大家都變得有錢」、「大家都健康長壽」、「大家都享受嗜好及旅行」，單純的願望也會搖身一變，成爲了「社會需求」。

世界上有許多人和自己一樣「想要實現願望」、「想要解決煩惱」，這時請將其他擁有相同願望與煩惱的人的需求也一併納入吧！

爲了幫助別人變得有錢、變得健康，自己不能缺乏相關知識。如果能夠習得知識與技術，不僅能爲別人帶來貢獻，也能實現自己的願望，可說是一舉兩得。

而且貢獻能夠得到對方的感謝，同時「獲得金錢與好評作爲感謝的回報」，因此甚至是一舉三得。

你或許會覺得「我沒有自信能爲別人而努力」，但價值觀與關心的事物正是爲了克服這點而存在，如果別人的事情變成自己的事情，那做到這點就輕而易舉。

當願望被用來「幫助別人」，轉變爲「想做的事」，那麼驅使自己行動的能量「熱情」就會因此而誕生。

熱情具有吸引其他許多人的力量，因此支持的人也會開始出現。受你幫助而得以實現願望的人成爲你的支持者，而那些和你一樣擁有「想做的事」的人也幫你加油，勢頭就開始站在你這邊了。

人在行動時，沒有比熱情這股能量更強大的驅動力。當範圍從你周遭或未來的環境，擴大到全世界或未來的地球，所擁有的熱情就會變得更強烈。所以接下來就把層次從「爲了別人」拉升到「爲了整體社會」吧！

接下來的步驟很簡單，那就是把寫著「願望」的便利貼，貼到「便利貼曼陀羅」上，再依照優先順序重新排列，如此一來就能抽出「社會需求」了。

# 製作便利貼曼陀羅，快速萃取思考

曼陀羅原本是描繪佛陀世界的圖像，過去在密宗等的修行中被用來開啟智慧。既然是幫助開悟的工具，其威力自然十分驚人。

「曼陀羅思考圖」就是參考曼陀羅的形式而創造出來的目標達成工具，開發者是松村寧雄。

曼陀羅思考圖就如同佛教的曼陀羅般分成九格（3×3的九宮格），首先在正中央的格子寫下主題（目標或想要解決的問題等），接著在周圍的八個格子填入解決策略。

大聯盟選手大谷翔平與菊池雄星等人，都曾在高中時代利用曼陀羅思考圖製作目標達成表。

此外，心智圖就是利用曼陀羅思考圖與邏輯樹組合而成的思考框架。許多思考框架都是利用曼陀羅思考圖組合而成。

**「便利貼曼陀羅」**就是以相同概念爲基礎，透過重新排列便利貼所創造出的思考框架，具有更高的自由度。

便利貼曼陀羅就像離心機。

離心機是一種利用離心力，在短時間內將不同比重的成分強制分離的裝置。以油水混合的液體爲例，因爲油與水的比重不同，其實只要耐心等待就能自然分離，但是很花時間。如果想在短時間內分離兩者，就需要將其旋轉，利用離心力強制分離開來。

**便利貼曼陀羅也是同樣的道理，能夠像離心機一樣，在短時間內萃取出埋藏在潛意識內關於「想做的事」的想法。**

使用便利貼曼陀羅時，首先會在正中央貼上寫著主題的便利貼。

一般來說，如果將2.5公分×7.5公分的便利貼，貼在A4筆記本的正中央，闔上筆記本時，便利貼就會因爲跨越裝訂線而折到。爲了讓便利貼即使折到也能復原，建議使用全背膠便利貼。現在和以前不同，文具店或百元商店等，到處都能買到。

至於在意折線的人，請使用1.5公分×6公分的迷你尺寸便利貼，並在貼上時避開裝訂線。不過，若是貼在寬敞的桌面或是牆面等，那就沒什麼限制了。

**圖11 便利貼曼陀羅〈示意圖〉**

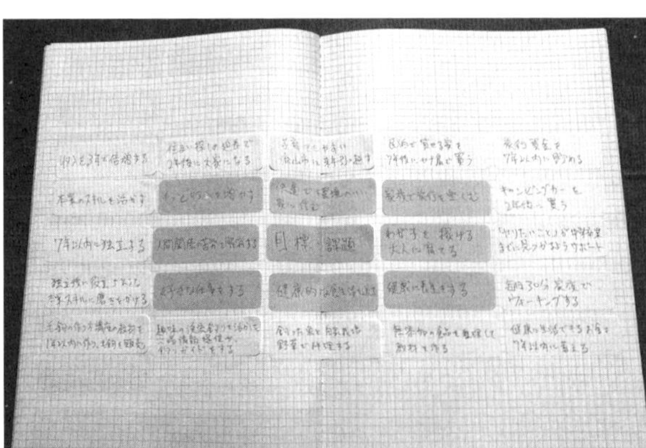

# 將「願望」與「煩惱」提升爲「目標」與「課題」

在萃取出「社會需求」時，可以使用便利貼曼陀羅，將「願望」與「煩惱」，提升成「目標」與「課題」。

**請在便利貼上寫下「目標・課題」，並貼在筆記本中央。**

我們曾在第1章的練習中，將願望（想要實現的心願、解決的煩惱）寫在便利貼上。現在，**請依照優先順序從中選出十七張，貼在其周圍。**

如果不到八張，請在空著的位置貼上空白便利貼，如果發現了新的願望，就寫在上面，已經實現的願望也無所謂。若是想不出來，就維持空白。思考框架中的便利貼，不需要寫上補充與日期。

接著**在八張便利貼的周圍，再貼上十六張新的便利貼**，並在這些新的便利貼上，將

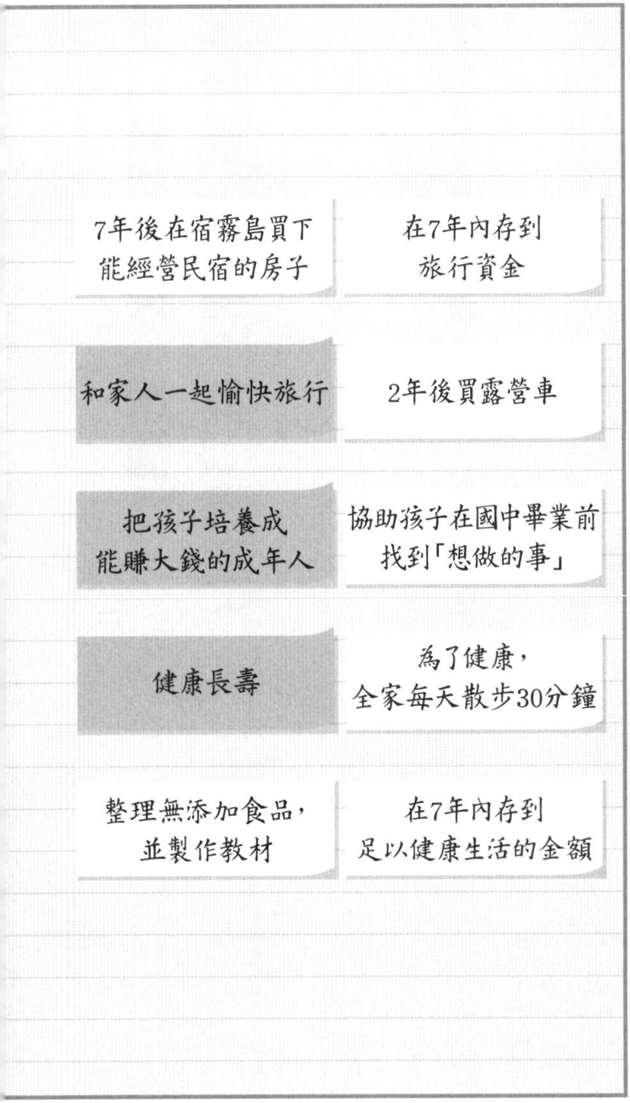
7年後在宿霧島買下能經營民宿的房子
在7年內存到旅行資金
和家人一起愉快旅行
2年後買露營車
把孩子培養成能賺大錢的成年人
協助孩子在國中畢業前找到「想做的事」
健康長壽
為了健康，全家每天散步30分鐘
整理無添加食品，並製作教材
在7年內存到足以健康生活的金額

▶寫著目標・課題的便利貼周圍，是8張練習時寫下的「願望」便利貼。

▶周圍的16張便利貼，使用數字與專有名詞，使其升格成目標或課題。

**圖12　目標・課題的便利貼曼陀羅**

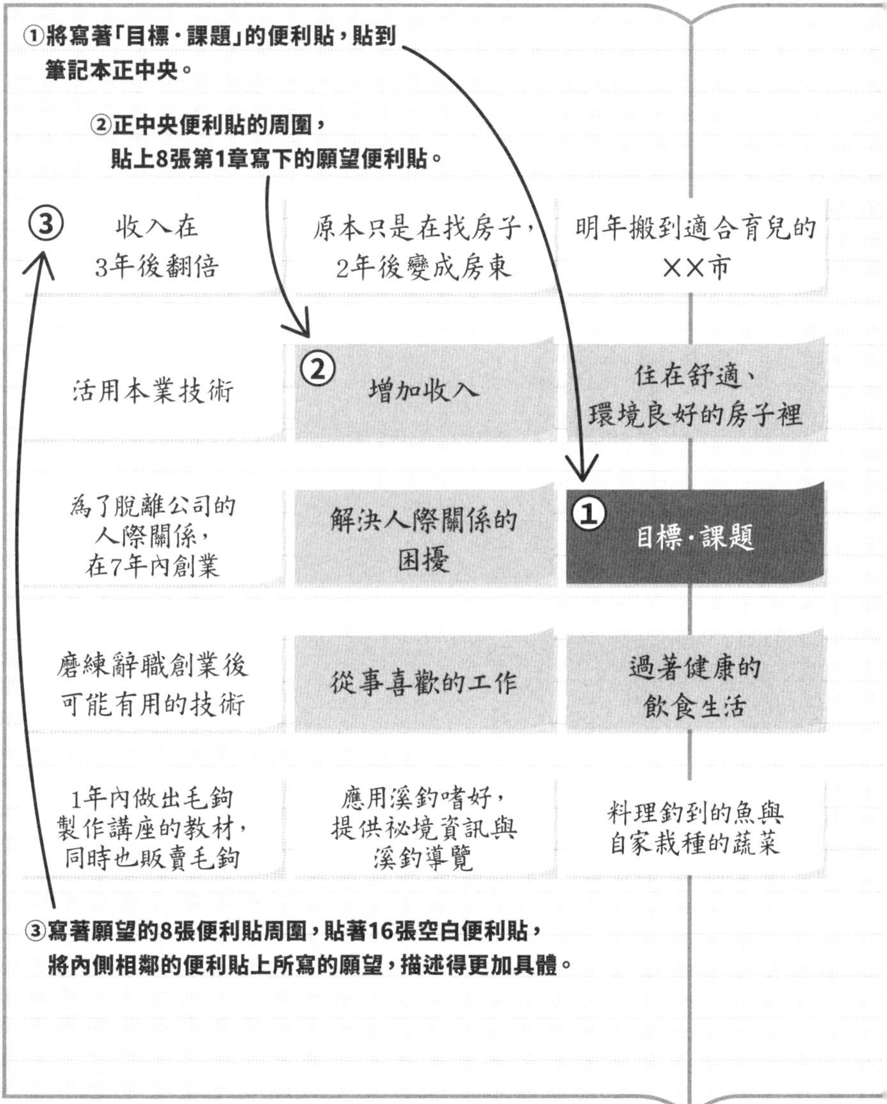
①將寫著「目標・課題」的便利貼，貼到筆記本正中央。
②正中央便利貼的周圍，貼上8張第1章寫下的願望便利貼。
③
收入在3年後翻倍
原本只是在找房子，2年後變成房東
明年搬到適合育兒的××市
活用本業技術
②
增加收入
住在舒適、環境良好的房子裡
為了脫離公司的人際關係，在7年內創業
解決人際關係的困擾
①
目標・課題
磨練辭職創業後可能有用的技術
從事喜歡的工作
過著健康的飲食生活
1年內做出毛鉤製作講座的教材，同時也販賣毛鉤
應用溪釣嗜好，提供祕境資訊與溪釣導覽
料理釣到的魚與自家栽種的蔬菜
③寫著願望的8張便利貼周圍，貼著16張空白便利貼，將內側相鄰的便利貼上所寫的願望，描述得更加具體。

寫在相鄰便利貼與對角線便利貼上的願望，描述得更加具體。因爲光是具體化，就能將想要實現的目標、解決的煩惱轉變爲課題，更加提高實現的可能性。只要使用數字與專有名詞，就能讓願望變成具體目標。

舉例來說，就如圖12一般，在「增加收入」的斜上方，寫下「收入在三年後翻倍」這類的具體數字。

又例如「住在舒適、環境良好的房子裡」如果寫得更具體，可以是「明年搬到適合育兒的××市」。就算只是閃過腦海中的專有名詞與數字，也可以先暫時寫上去，總而言之請具體一點。

這時希望大家注意的是「蟲眼視角」與「鳥眼視角」的切換。如果只以「蟲眼視角」來看圖12的「住在舒適、環境良好的房子裡」，那就只會出現「明年搬到適合育兒的××市」這樣單純的目標。

但如果透過「鳥眼視角」，把「住在舒適、環境良好的房子裡」與「增加收入」一起看，就會誕生**「原本只是在找房子，兩年後變成房東」**這樣的混合型目標。

而透過「鳥眼視角」綜覽時，如果除了「住在舒適、環境良好的房子裡」與「增加收入」這兩項之外，再加上「和家人一起愉快旅行」，那麼或許還能想到**「七年後在宿霧島買下能經營民宿的房子」**這種令人興奮的目標。

就像這樣，只要透過鳥眼視角，將幾種不同的願望與煩惱組合起來，就會誕生意想不到的目標或課題，請盡量嘗試各種不同的組合。針對一張願望便利貼思考的目標與課題，無論是一張還是三張都無所謂。

如果在這樣的過程中，浮現出達成目標的具體方法，也請寫下來貼上。

雖然圖12將目標與課題控制在十六張，然而一旦開始寫，靈感就會接二連三地湧現，完全停不下來。最後會再重新排列，因此請盡量寫，即使超出筆記本也不用在意，就貼到桌子上吧！

此外，有時也會出現類似的目標，例如**「在七年內存到旅行資金」**與**「在七年內存到足以健康生活的金額」**，但也都寫下來沒關係。

# 將願望轉化成「爲他人服務」

重新再看外圈的十六張便利貼，你是否發現了某個不可思議的現象呢？那就是其中已經有好幾張**提升到「爲他人服務」、「爲社會服務」的層次了**。

舉例來說，**「原本只是在找房子，兩年後變成房東」**就是爲房客服務的事業。至於**「七年後在宿霧島買下能經營民宿的房子」**則變成了爲旅客服務的事業。**「一年內做出毛鉤製作講座的教材，同時也販賣毛鉤」**與**「應用溪釣嗜好，提供祕境資訊與溪釣導覽」**則成了爲釣魚愛好者服務的企畫。

由此可知，**只要像這樣將願望組合起來，就能在不知不覺間創造出「社會需求」**。

而除了這四張便利貼之外，其他便利貼也一樣，只要加上「爲他人服務」的視角、或是將多張便利貼組合在一起，就會如下列這些例子般創造出新的需求：

- **將自己釣到的魚與自家栽種的蔬菜製作成料理，提供給顧客享用**
- **整理無添加食品，製作教材並販售**
- **兩年後買露營車，以分時共享的形式出租**
- **活用本業技術，協助收入在三年後翻倍**
- **協助全國中小學生找到「想做的事」**

透過這樣的方式，我們已經找到了多達九項能夠回應自己目標的「社會需求」候選項目。而且發現，如果再將這九張寫著候選項目的便利貼排列組合，還能創造出更獨特的貢獻。舉例來說，將「應用溪釣嗜好，提供祕境資訊與溪釣導覽」與「兩年後買露營車，以分時共享的形式出租」組合在一起，就能滿足想要同時享受釣魚與露營的需求。

又或者，結合「將自己釣到的魚與自家栽種的蔬菜製作成料理，提供給顧客享用」

與「整理無添加食品，製作教材並販售」這兩項結合在一起，或許就在提供料理的同時，也販賣無添加食品的教材。

雖然你可以嘗試這所有的選項，但請先排列出優先順序吧！只需要爲便利貼編號即可，無論是以有興趣的爲優先，還是以有機會做到的爲優先都無所謂。

假設我們挑出下列這兩個項目作爲第一優先與第二優先：

1. 原本只是在找房子，兩年後變成房東
2. 活用本業技術，協助收入在三年後翻倍

# 自己的價值觀、感興趣的事情，會成爲最強大的動機

我們逐漸看見自己能夠回應的「社會需求」。既然回應的是自己，那麼爲了避免偏離「自我本色」，必須穩固自己的根基。這時，自己的價值觀與關注的事物就不可或缺。

一旦能夠將自己的價值觀與關注的事物轉換成言語，「爲何會選擇那樣的貢獻」就會變得明確。而只要貢獻的動機明確，根基就不會動搖。

筆記本中已經貼上了「感動的事」與「可能有幫助的事」，同時也附註了自己的價值觀與關注的事物，接下來將直接套用到便利貼曼陀羅。步驟如下。

首先，請將剛才選出的兩張「社會需求」便利貼，如圖13所示，貼在A4筆記本的正中央。

社會弱勢能夠
安心生活的居住環境
很重要

行動不是從方法論開始，
而是從生活態度開始

讓座給老人家，
一整天都神清氣爽
→要善待弱勢！

#山手線電車上 160903

不應該背叛
想要幫助「別人」的心意

營造智能障礙者
能夠安心工作的居住環境

能夠輔佐宴會主人的
才是真正的侍酒師
(田崎真也)
→付出貢獻的人
才會得到支持

#《服務的精髓》071224

能為旅客提供民宿服務，
又能讓家人當成別墅
使用的房子最理想

實現唯有幫助他人
才能獲得幫助的社會

在料理與服務
都一流的餐廳，
人們會帶著笑容結帳
並「道謝」！
→金錢就是感謝的心意

#Boulangerie JIN 231224

貨幣發行權
應該在政府機構手上，
而非民間銀行手上

稅金有一半是
利用國家權力進行的剝削，
所以應該節稅

付出貢獻的人
更應該變得富裕

付出貢獻的人
更應該變得幸福

▶在正中央貼上2張「社會需求」的便利貼

▶周圍重新貼上8張寫著「感動的事」與「可能有幫助的事」的便利貼，選擇的標準是與正中央的「社會需求」可能有關的價值觀或關心的事物。

▶透過鳥眼視角俯瞰便利貼，如果浮現新的價值觀，就寫在便利貼上，並貼在外圍。

## 圖13 便利貼曼陀羅的範例

| | | |
|---|---|---|
| 唯有先帶給家人幸福，才能貢獻他人 | 幫助新婚夫妻<br>建立幸福家庭的居住環境<br>非常重要 | 育兒家庭<br>能夠安心生活的居住環境<br>很重要 |
| 必須以家人與夥伴為榮，並協助他們成長<br>房仲、銀行與修繕業者都是同一個團隊的夥伴 | 沒有任何工作比家庭更重要（Mr.馬利克）<br>→家庭最重要！應該支持重視家庭的人<br>#綜藝節目170625 | 搬家真是太好了！<br>→居住環境很重要<br>#與妻子的對話 231025 |
| 失敗為成功之母<br>只要行動，就能為整體社會帶來貢獻 | 全力以赴的失敗是有價值的<br>→別找藉口，先做再說。沒有理由不行動<br>#宇宙兄弟 220512 | 原本只是在找房子，2年後變成房東<br>活用本業技術，協助收入後3年翻倍 |
| 能夠複製的經驗很重要<br>原理原則最重要的是要能轉換成語言 | 分享失敗經驗就是貢獻社會<br>→應該運用自己在建立資產時的失敗經驗來改善社會<br>#東方收音機中田151221 | 笨蛋和醜八怪都給我上東大！<br>→孩子的教育最重要，出社會後也應該持續學習<br>#東大特訓班阿部寬210627 |
| 行動的目的不在於金錢，而是在於帶給他人快樂 | 金融機構把顧客當成墊腳石的態度是錯的 | 帶來財富的理財教育很重要 |

接著，請將八張寫著「感動的事」或「可能有幫助的事」的便利貼重新貼在其周圍，至於選擇的標準，則是這些便利貼上所附註的價值觀與關注的事物。

請挑選那些附註內容與中央的「社會需求」相關的便利貼，如果想將範本中所寫的價值觀．關注的事物抄寫到便利貼上並貼上去也可以。

接下來的步驟就和先前一樣，透過鳥眼視角俯瞰便利貼曼陀羅，如果浮現新的價值觀，就寫在便利貼上，並加貼在其周圍。

舉例來說，可以從「應該運用自己在建立資產時的失敗經驗來改善社會」與「孩子的教育最重要，出社會後也應該持續學習」這兩個價值觀中，抽出**「帶來財富的理財教育很重要」**這項新的價值觀。

至於從「居住環境很重要」與「家庭最重要！應該支持重視家庭的人」則可以導出**「育兒家庭能夠安心生活的居住環境很重要」**這項新的價值觀。

以我個人爲例，我將「付出貢獻的人才會得到支持」與「金錢就是感謝的心意」這兩項價值觀組合之後，創造出新的價值觀**「付出貢獻的人更應該變得富裕」**。

由於是價值觀，請將「○○這樣的價值觀」中的「○○」寫在便利貼上。

寫到一個段落後，就闔上筆記本，把內容全部交給潛意識吧！這麼一來，思考就會繼續熟成，生成新的價值觀與關注的事物，並且由潛意識將其轉換成言語。

如果已經想不出更多內容了，請套用「人生目標＝自我價值觀×社會需求」的公式吧！這麼一來，就能完成這樣的句子**「我的人生目標是爲了實現○○價值觀，而回應●●這項需求」**。

在圖13的例子中，共有三十個價值觀與關心的事物對應到兩項「社會需求」，如此一來就有六十種組合。請透過鳥眼視角俯瞰整體，挑出自己最認同的組合。挑選時請優先相信直覺，而非依賴理性思考。舉例來說，可以寫出如下列這樣的句子：

- **我爲了實現「育兒家庭能夠安心生活的居住環境很重要」這項價值觀，所以「原**

**本只是在找房子，兩年後變成房東」。**

**‧我為了實現「付出貢獻的人更應該變得富裕」這項價值觀，而「活用本業技術，協助收入在三年後翻倍」。**

**接著請將完成的「人生目標」，寫在7.5公分的方形便利貼上。**

價值觀與關注的事物，花了好幾十年才滲透到我們的腦海裡，因此剛開始寫便利貼的初學者，或許只能抽出其中一部分。

為此，我將介紹大家一個密技，能夠在短時間內半強制地萃取出價值觀與關注的事物。這時也會使用便利貼曼陀羅。

我準備了八種主題，請從中挑選一個你認為蘊藏了最多自己的價值觀與關注的事物的主題，並開始進行便利貼曼陀羅練習。如果不知道該選哪個，我建議可以從第一及第二項主題開始。

1.最充實的過去經驗及理由
2.最痛苦的過去經驗及理由
3.童年時或年輕時曾經喜歡的事物及理由
4.希望別人在自己的葬禮上朗誦什麼樣的悼詞及理由
5.尊敬的名人、上司、前輩或親人及理由
6.討厭的名人、上司、前輩或親人及理由
7.這輩子無論如何都不想留下的憾事及理由
8.如果人生能夠重來，你想做的事情及理由

完成價值觀的萃取後，就將本張開頭的便利貼曼陀羅貼在其周圍，並再度開始將「人生目標」轉換成言語。

## 圖14 萃取出價值觀與關注事物的密技

**參考範例**

### 1.最充實的過去經驗及理由

| | | |
|---|---|---|
| 小時候在山野玩耍<br>→熱愛大自然 | 小時候熱愛<br>逛科學館與博物館<br>→了解未知事物很有趣 | 成為班級幹部<br>→能夠服務大家很開心 |
| 製作模型或勞作時<br>→無法停止手作！ | **最充實的過去經驗及理由** | 工作創造好業績<br>→埋首於工作很幸福 |
| 和妻子結婚時<br>→一切都是命運安排 | 組隊參加線上遊戲比賽<br>獲得優勝<br>→團隊很重要！ | 辭職創業<br>→不受雇於人的工作型態最棒了 |

### 2.最痛苦的過去經驗及理由

| | | |
|---|---|---|
| 小學時遭到霸凌<br>→討厭不合理的對待 | 考大學時失敗重考<br>→無法發揮實力很不甘心 | 剛進公司時無法融入職場<br>→價值觀與旁人不同很痛苦 |
| 兩眼同時視網膜剝離<br>→眼睛看得見是一種幸福 | **最痛苦的過去經驗及理由** | 家人生重病時<br>→家人是無可替代的存在 |
| 長期對抗免疫疾病<br>→深感健康的重要 | 因為活力門事件而瀕臨破產<br>→不希望妻子難過<br>(家人很重要) | 站在公司經營方針的對立面<br>→必須重視客人 |

▼

**蘊藏了許多**
**自己的價值觀與關注的事物**

# 便利貼曼陀羅，就從房間牆壁或冰箱門開始

我們終於成功地將「人生目標」轉換成言語了。

話雖如此，接下來才是開始。因爲一旦邁出步伐朝著「人生目標」邁進，眼前的景色將會逐漸改變，這麼一來，就會發現新的社會需求與價值觀。

這代表什麼呢？那就是**「想做的事」將開始產生變化**。

只要你持續成長，「想做的事」就會不斷改變。反過來說，如果沒有朝著最初發現的「人生目標」展開「想做的事」，那就什麼也無法開始。**一切都取決於是否「行動」**。

**而持續行動的祕訣，就是把便利貼融入日常生活。**

雖然在第3章介紹了思考框架這樣的「模式」，但也不需要想得太嚴肅。只要用輕鬆愉快的感覺進行，就能持之以恆。

應用思考框架的場所不一定要是筆記本，可以是書桌、餐桌、冰箱門，甚至是客廳或廁所的牆壁。

不妨隨意決定一個與日常有關的主題，並且將便利貼「啪」地貼在適合這個主題的場所，開始便利貼曼陀羅的練習吧！

不必拘泥於外觀與形式，悠哉悠哉地享受樂趣，懷著雀躍的心情思考，盡情地激發有趣的點子以及想做的事情吧！如果能讓家人一起參與，想必會變得更加有趣呢！

# 第4章

# 利用便利貼找到的「想做的事」創造財富

# 「想做的事」的真面目是什麼？

請拿起寫著自己「人生目標」的便利貼，這些便利貼上，有著你想要實現的價值觀、關注的事物以及社會需求。

「人生目標」就是持續不斷地從事「想做的事」，兩者原本就是一體兩面。

所以，說不定你已經將「想做的事」當成「人生目標」寫下來了。

如果還沒寫也沒關係。「想做的事」就是實現「人生目標」的手段，所以你很快就會發現。

首先，請將「想做的事」轉換成更具體的言語表達出來吧！先說結論，這就是圖15右上角所寫的**「創造財富的畢生志業」**。

我們人類，除了維持生命所需的吃飯、睡覺、休息時間之外，其他時間都必定會從事圖15的五種活動中的任何一種。

其中，勞力密集型事業、高風險事業、超高難度事業原則上不列入討論範圍，而圖16所列的四十五種事業就屬於這些。

這五種活動當中，最普遍的就是勞力密集型事業，這類事業通常伴隨著不得不做的工作以及痛苦的人際關係，因此一般來說，不會成爲打從心底「想做的事」。

## 圖15　人類進行的5種活動

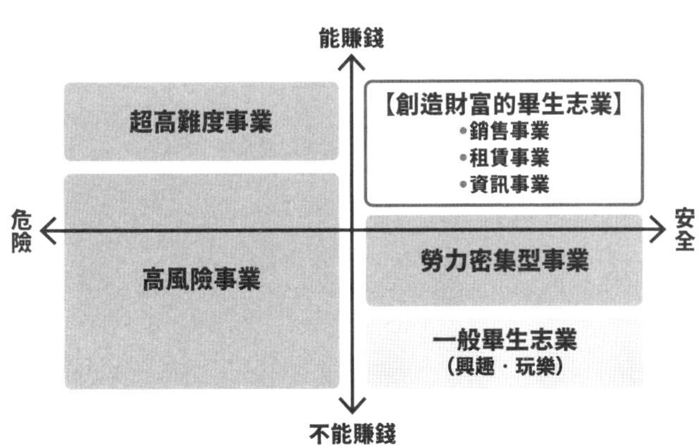

高風險事業顧名思義就是具有危險性的事業，因此除非是賭徒，否則對多數人而言，也不會是「想做的事」。

至於超高難度事業也具有高度的失敗風險，除非是還有機會重來的年輕人，否則也會將其排除於「想做的事」之外。

如果是沒收入也無妨的富豪，就能夠沉浸在圖15右下角的一般畢生志業中。所謂一般畢生志業，就是能夠持續一輩子的興趣、嗜好、創作活動等，「自己能夠樂在其中的活動」。

但一般人需要收入，只能選擇創造財富的畢生志業，而**這樣的事業，需要有「爲他人服務」、「爲社會服務」的視角。**

畢生志業之所以能賺錢，就是因爲帶給別人貢獻，並收下帶有感謝心意的金錢。

## 圖16 不列入討論範圍的事業列表

| □超高難度事業 | □高風險事業 | □勞力密集型事業 |
|---|---|---|
| □創業投資 | □網路事業 | □清潔人員 |
| □創辦新創企業 | □股票投資 | □保全人員 |
| □經營拉麵店等餐飲業（共享餐廳除外） | □大宗商品交易 | □自行車停車場管理員 |
| □需要高難度證照的「師」級事業（已取得證照者除外） | □期貨交易・選擇權交易 | □速食店收銀員 |
| □職業運動員 | □信用交易 | □超市・便利商店收銀員 |
| □職業棋士 | □外匯交易 | □餐廳服務生 |
| | □當沖交易 | □兼職夜間餐飲店或性產業 |
| | □虛擬貨幣交易 | □派報員 |
| | □職業柏青哥玩家（下注方） | □郵差・宅配員 |
| | □職業賽馬玩家（購買馬券方） | □Uber Eats等外送員 |
| | □職業競艇玩家（購買船方） | □照護員 |
| | □職業競輪玩家（購買車券方） | □計程車司機 |
| | □樂透彩券（購買彩券方） | □搬家工人 |
| | □非法賭博 | □建築工人 |
| | □詐騙等犯罪事業 | □土木工人 |
| | □假車禍詐騙 | □泥作工人 |
| | □職業煽動者 | □工地工人 |
| | □貧困商機 | □資料輸入作業 |
| | □毒品・興奮劑・武器買賣 | □其他受雇工作 |
| | □器官買賣・人口販賣 | |

※這是作者的主觀判斷，根據具體事業內容或個人狀況也可能不符合此表
※這些終究只是例子，不可能網羅所有排除的事業

創造財富的畢生志業可以分成三種類型，分別是「銷售事業」、「租賃事業」與「資訊事業」。而「想做的事」則可以從圖17的「創造財富的畢生志業列表」所列出的六十五項事業中選擇。

這時請將寫著「人生目標」的便利貼，貼在圖17周圍，並以鳥眼視角俯瞰。

接著再透過蟲眼視角比對各項事業與便利貼。如果不管怎麼想都覺得不對勁，就將這項事業畫線刪除。

留下來的事業中，如果有感興趣的項目，就在方框打勾。這就是對自己而言能夠創造財富的畢生志業，而且有機會成爲「想做的事」。

舉例來說，如果你寫下的句子是「我爲了實現育兒家庭能夠安心生活的居住環境很重要這項價值觀，所以原本只是在找房子，兩年後變成房東」，那麼就在**「新建公寓出租」**、**「中古透天出租」**等項目打勾，而租賃事業這個類別，就可能是你想做的事。

而如果你寫下的句子是「我爲了實現付出貢獻的人更應該變得富裕這項價值觀，而活用本業技術，協助收入三年翻倍」，那麼你想做的事，就可能屬於資訊事業類別，例如

**「專案顧問」**、**「指導員」**、**「講師」**、**「內容擁有者」**等。

像這樣，把勾選最多的事業類別，當成「想做的事」填入人生目標，就能完成下列句子：

**「我的人生目標是爲了實現○○這項價值觀，而透過■■事業，回應●●這項社會需求」**

至於追加的「■■」部分，請填入「銷售」、「租賃」或「資訊」的其中一個類別。

接下來就去嘗試圖17的入門部分吧！因爲這個部分不會損失時間與金錢，屬於安全的嘗試。這個世界的景色，絕大多數的情況下都需要實際行動才能看見，因此能做的只有行動。

入門的接下來就是跨出一小步，進入到初級篇，而後再升級到中級篇。

## 圖17 創造財富的畢生志業列表

| 分類<br>等級 | 銷售事業 | 租賃事業 | 資訊事業 |
|---|---|---|---|
| **入門**<br>※應用已經具備的資源或技術，因此不需要資金 | □網路二手交易<br>□網路拍賣<br>□跳蚤市場 | □物品共享<br>□私人汽車或機車共享<br>□自家停車空間共享<br>□自宅共享（如民宿等）<br>□別墅或老家等共享<br>□倉儲空間共享 | □專案顧問<br>□專案業務代理<br>□技能共享<br>□指導員<br>□導遊 |
| **初級**<br>※需要閱讀 | □收藏家<br>□手工藝品創作<br>□轉賣業 | □中古透天屋出租<br>□中古套房出租<br>□月租停車場 | □顧問<br>□業務代理<br>□教練指導員<br>□諮詢師<br>□心理諮商師<br>□顧客媒合 |
| **中級**<br>※參加講座的等級 | □獨家代理 | □中古公寓出租 | □講師<br>□內容擁有者<br>□編輯<br>□導演 |
| **高級**<br>※中級之後的挑戰 | □製造販賣 | □新建公寓出租 | □製作人<br>□行銷人員 |
| **特殊**<br>※與難易度無關 | □育種家<br>□農業等<br>□製造業<br>□示範銷售 | □經營團體家屋<br>□投幣式停車場<br>□迷你倉儲<br>□貨櫃出租<br>□倉庫出租<br>□商業不動產出租<br>□海外不動產投資<br>□簡易住宿設施 | □文案寫手<br>□創作者<br>□客戶服務<br>□Instagram網紅<br>□收費部落客<br>□作家<br>□Google廣告合作夥伴<br>□聯盟行銷者<br>□設計師<br>□程式設計師<br>□音樂家·作曲家<br>□藝人<br>□占卜師·魔術師<br>□影片拍攝<br>□空拍機操作員<br>□YouTuber<br>□社群經營者 |

※難易度是作者的主觀判斷，具體來說將因事業內容、擅長與不擅長等而有個人差異
※這些終究只是例子，不可能網羅所有排除的事業

## 只要找到「想做的事」，就能不再「受雇於人」

以我爲例，我「想做的事」屬於「資訊事業」類別。

而在眾多事業中，我勾選了「講師」、「內容擁有者」、「作者」與「社群經營者」這四個項目。

具體來說，我創造了金錢品鑑師講座這項內容，並以作者的身分傳播資訊，同時經營金錢品鑑師俱樂部社群。

因此持續從事這項事業，就是我的「人生目標」。因爲這麼做最能夠回應社會希望「家人過得富裕幸福」的需求，並實現我「付出貢獻的人更應該變得富裕」的價值觀。我能夠盡情實現自我，也能獲得成就感。

所以我從擔任銀行員開始，就幾乎都把私人時間投入在這項「想做的事」當中。

一旦沉浸其中，就會逐漸忘記自己在工作。畢竟這是我基於熱情從事的「想做的事」，不覺得在工作也是理所當然。

而且還有許多人因此而開心。當我回過神來，已經有數十萬名讀者閱讀我的著作，並應用在現實生活當中，還有六千多名以夫妻爲主的學員參加講座，人生的典範轉移，也不斷地在這些參加者身上發生。

更令我欣慰的是，許多人都對金錢品鑑師這個價值觀產生共鳴，彼此擁有了共同的語言，更容易互相支援。我基於興趣展開的事業，意外地爲許多人帶來幫助，這份喜悅格外深刻。

**一旦找到了符合自己價值觀的「想做的事」，就會像這樣感到難以抑制的興奮雀躍。**而價值觀相似的夥伴也會愈來愈多，沒有什麼比這更幸福了。

總而言之，這項事業實在既愉快又充實，我完全無法停下撰稿與製作內容的腳步，我覺得自己應該會持續做到生命落幕的那一天吧！

各位或許已經知道，隨著多次修法，一九七〇年代出生的日本人，要等到七十歲左右才能領到年金已經逐漸成爲既定事實，一九八〇年代之後甚至可能要等到七十五歲左右。

但公司在員工六十五歲退休之後，卻沒有重新雇用的義務，換句話說，必須靠自己撐過五到十年沒有收入的期間。

但這樣的未來不足以畏懼，因爲**只要擁有能夠創造財富的畢生志業，你就能完全不需要再「受雇於人」**。創造財富的畢生志業能夠爲你帶來財富，因此不需要再擔心錢的問題，除此之外還能擺脫充滿壓力的「人際關係」與「不得不做的工作」。

創造財富的畢生志業是打從心底「想做的事」，所以每天都能過得很充實。而且始終都與社會保持連結，也能與「孤獨」絕緣。再加上其本身就是「人生意義」，所以讓人感覺身心都能維持健康與年輕。

創造財富的畢生志業，不只能夠豐富年輕時或在職期間的人生，即使未來步入高齡，豐富的人生也能一直持續。

# 「想做的事」與「金錢」密不可分

原本只是漫無目的地尋找「想做的事」，後來這件事以創造財富的畢生志業的形式，與金錢產生關聯。這或許出人意表，但**「想做的事」與「金錢」密不可分**，因爲金錢就是感謝的心意，而「人生目標」則是帶給別人貢獻與喜悅。

附帶一提，各位知道一張1萬日圓紙鈔的成本只有約20日圓嗎？

靜下心來想，以20日圓成本印刷的1萬日圓紙鈔，怎麼可能有1萬日圓的價值呢？倒不如說，會覺得這張紙片所反映的「感謝心意」值1萬日圓，才是再自然不過的事情。

請想像一下花錢的情境。假設你爲了替伴侶慶祝生日，在一家法式餐廳點了1萬日圓的套餐。

如果店員的服務非常糟糕，料理品質又不好，把伴侶搞得心情很差，這種情況下雖然不至於要求餐廳「把錢還來！」，卻也不會心懷感謝。

相反的，如果料理的品質與店員的服務都非常出色，伴侶也因此非常開心，滿懷感謝與尊敬地看著你，那麼你想必會懷著對餐廳的謝意，邊說「謝謝！」邊帶著笑容結帳吧！

覺得感謝就願意付錢，不覺得感謝就不想掏錢出來，這樣的想法太過理所當然，所以不會特別意識到。但我要再重複一次，這是因為金錢就是感謝的心意。

而「人生目標」就是透過社會貢獻實現自我，至於「貢獻」則是回應社會需求。

如果你能夠幫助別人解決煩惱、實現願望，對方就會開心地感謝你。因此只要持續貢獻，你就會不斷收到感謝，最終也能獲得金錢報酬。

當然，感謝的心意不只能透過金錢表達，還有許多表現的形式，例如「感謝的話語」、「感謝的態度」、「追蹤數」、「按讚數」、「尊敬」、「信賴」、「信用」、「人望」、「名聲」等。

當你為別人做出貢獻，對方的「感謝心意」就會轉化成「金錢」與「信用」等形式，像迴力鏢一樣再繞回來，所以「想做的事」與「金錢」有著密不可分的關係。

## 環境是自己吸引過來的

「想做的事」雖然與金錢密不可分，但同時也大幅取決於價值觀。而價值觀則深受自己所處的環境影響，例如家庭、老師、朋友、就讀的學校、居住的地區、公司、出生的國家與地區、歷史背景，以及閱讀的書籍等。

然而，人生就像是由無數次的抽卡遊戲組成，例如「抽父母卡」、「抽公司卡」、「抽上司卡」、「抽部門卡」等，想要主動選擇所處的環境並不容易。那麼，是否就代表我們無法以自由意志選擇自己的價值觀呢？

不，沒有這回事。有一種簡單到令人驚訝的方式，可以自己選擇所處的環境與價值觀，那就是（以前也介紹過的）「閱讀」。

閱讀哪本書是個人的自由，就算沒有錢也可以去圖書館。這代表**無論置身於什麼樣**

**的環境，都能夠靠自己吸引適合自己的價值觀。**

動物會透過基因將想要傳承給後代子孫的事物留下來，而人類則是透過價值觀與思考。如此一來，即使對象是將來的人類，也能持續帶來貢獻。而留下來的事物，就是思想、哲學、理論、科學、文學、藝術、文化與傳統。

我們人類能夠透過閱讀，盡情獲得蘊藏在其中的價值觀。所以人類對自己的價值觀有責任，而學習也是爲了這點。

我們能夠透過持續進行「想做的事」來實現自己的價值觀。再者，從書本中獲得的也不是只有價值觀。

岸見一郎與古賀史健合著的《被討厭的勇氣》中有這樣一段話：

**首先，你必須清楚知道「從現在開始，就不是我的課題了」，然後把他人的課題切割、捨棄。這就是讓人生卸下重擔、變得單純的第一步。**

魯爾夫・杜伯里（Rolf Dobelli）的著作《拒看新聞的生活藝術》中，則有這樣一段與傳奇投資家華倫・巴菲特有關的內容：

**巴菲特有著這樣的人生智慧。「了解自己的能力圈，並待在其中。圈子的大小並不重要，重要的是要清楚地掌握這個圈子的邊界在哪裡。」**

無論是「別人的課題」還是「能力圈」，指的都是「抽卡遊戲」的概念。簡而言之，這兩段內容的重點都是，請分辨何者屬於抽卡遊戲，何者不是。

那麼，該如何分辨呢？

首先**要擺脫「無知」與「偏見」**。

所以必須閱讀。沒有其他方法比閱讀更簡單，更具時間效益與成本效益了。

令人開心的是，一旦習慣使用便利貼，閱讀也會變得輕鬆。因爲翻閱貼有便利貼的筆記，就能培養透過鳥眼視角的俯瞰式思考。

每次翻頁時，資訊都會直接跳入潛意識，因此能夠依稀掌握大致內容。甚至不用學會速讀技巧，就能將資訊完全交由潛意識處理。

潛意識會告訴我們哪裡重要，只有在這時才需將思考切換成蟲眼視角，一字一句細細咀嚼。

正因為人類是無知與偏見的集合體，所以閱讀不可或缺。

我在〈前言〉曾提過，只要寫下、貼上並重新排列，就能達成任務的九成。其實剩下的一成就是閱讀。因為如果寫下、貼上並重新排列的「思考」是基於錯誤的資訊或知識，那麼也只能得到錯誤的答案。便利貼的威力難以估量，因此如果基於錯誤的資訊而導致「想做的事」搞錯重點就會很麻煩。

所以請持續進行「寫下、貼上、排列」這九成的操作，與剩下的一成閱讀吧！如果還能完成第5章的故事，那就再完美不過。

第5章

# 使用便利貼，讓自己的人生照著劇本走

# 只要使用便利貼，未來就會符合預期

你已經找到了自己能夠回應的「社會需求」、成爲動機的「價值觀」，以及實現目標的「想做的事」。將這些轉換成言語的你，進入到自己人生史上最無敵的狀態。主角是自己，所以剩下的只有「爲誰」、「在何時」與「在何地」。一旦萬事皆備，就完成了專屬自己的、獨一無二的故事。

**「爲誰」的誰，指的是「社會需求」的對象。**請將社會或顧客這樣的抽象表現，變得更加具體。

透過「想做的事」貢獻的對象是誰呢？是個人嗎？如果是個人，能夠想像對方的生活型態、年齡、性別、家庭結構與居住地嗎？請盡可能具體去想這些資訊。

**「在何時」則是明確決定從什麼時候開始，爲此又該從什麼時候開始準備**，並且也想像一年後會是什麼樣子，十年後又會如何發展。

**至於「在何地」則是決定該在哪裡執行**。公司？自家？國內？國外？或是線上？請思考執行的地點。

請將這些資訊全部寫在便利貼上，轉換成具體言語。

舉例來說，爲了實現「育兒家庭能夠安心生活的居住環境很重要」這個價值觀，結果「原本只是找房子，後來在兩年內開始經營房屋租賃」，那麼具體的故事就會像下面這樣。

「兩年內開始針對有子女的雙薪家庭經營房屋租賃，爲此立刻開始學習，地點是目前居住的千葉縣。透過這樣的持續貢獻，租金收入在五年後超過薪資收入。」

像這樣想像出來的故事，將成爲勾勒出「未來藍圖」的草圖，而有草圖就會提高實現的可能性。

如果還能根據草圖繪製「人生設計圖」，精確度將會進一步提高。這就和蓋自己的房子一樣。

蓋房子前，會先繪製草圖，這張草圖就是「完工示意圖」，接著再繪製設計圖。而製作設計圖前，會先仔細調查並確認土地的地基與氣候等，製作出耐震、抗風災及水災的設計。

如果能夠設計得萬無一失，並且在施工時使用強度充分的材料且無偷工減料，必定能夠完成理想的房屋。所以設計時會諮詢建築師，施工時也會借助工匠的力量。

製作人生設計圖，並開始執行「想做的事」時也一樣。自己的人生比自己的房子更重要，所以請精雕細琢，仔細設計。

## 過去的失敗是成功之母

當我們使用便利貼創造出未來的成功故事，過去的失敗就會被成功取代。這種轉變能夠產生自我認同感並帶來自信，價值觀也獲得了背書，於是自己的人生就有了一貫性。

過去是結束的事情，已經逐漸失去蹤影，留下的只有痕跡。雖然過去會影響現在，但**創造未來的並不是過去本身，而是自己現在的「想法」。**

其實不只未來，就連過去也是由自己現在的「想法」所塑造。因爲無論發生的事實如何，最終將如何定義這件事都取決於解釋。

歷史不過就是以有利觀點詮釋事實，並賦予意義的認知。即使只是對照公開的機密文件，也能發現某些我們所知的歷史並非事實，而是威權與掌握權力的第三方所編造的虛構故事。

既然歷史都可以被隨意粉飾，那麼以有利於自己的角度詮釋過去，自然也沒什麼不妥。

**如果只是改變看待自己的眼光，那就很簡單。**即使無法改變世界，依然能夠掌控自己的未來，光是這樣就已經算是奇蹟。

話說回來，所謂過去的失敗，也只不過是因爲現在變得比過去更好，所以過去看起來才像是失敗。

這麼一想就會發現，正因爲有過去失敗的教訓，未來才會改善。這就是**「失敗爲成功之母」**。

我總是深刻感受到，過去．現在．未來密不可分，三者一起勾勒出人生的成功這種整體的最佳狀態。而**人生的成功，就建立在過去失敗的基礎上。**

既然如此，我們可以透過對自己有利的觀點詮釋過去，以對自己有利的觀點控制未來。所以因爲活力門事件（※）而瀕臨破產的我，決定說服自己「堀江貴文，謝謝你引發了這場風波！」（※編按：日本二〇〇六年的金融市場事件，起因為網路企業「活力門」造假，堀江貴文為其總裁。）

**透過便利貼思考創造出未來的成功故事，就能將過去的失敗轉換爲成功的養分**，而且還能獲得重拾自我認同感的附加效果。

# 將抱怨與煩惱寫在便利貼上，然後丟掉

以對自己有利的觀點改寫過去的失敗，精神上也會變得更輕鬆。後悔是心靈的毒素，而排毒有利於身心健康。

人體有動脈與靜脈，會吸收氧氣吐出二氧化碳，以口進食並排出不需要的廢物。**思考也一樣，除了吸收大腦所需的養分，也要排出大腦不需要的廢物。**舉例來說，如果分泌過多的壓力荷爾蒙，將提高失智症風險與死亡率。為了避免發生這種情形，必須把成為壓力來源的思考毒素排出。

其中一項必須排出的思考毒素就是「抱怨」。

對別人抱怨，就像是把排泄物或毒素丟給別人一樣。雖然抱怨的人會變得神清氣爽，但承受抱怨的人卻難以忍受。

話雖如此，忍著不抱怨也會累積毒素，不是一件好事。

那麼該怎麼做才好呢？答案就是**排給便利貼**，換句話說就是寫到便利貼上。這時的便利貼就像是心靈的廁所，請將寫好的便利貼丟到垃圾桶吧！就像是上完廁所後用水沖掉一樣。

除此之外，還要將這些抱怨轉換為積極用途。抱怨是發生問題的證據，**以正向的角度思考發生的問題，這些問題就會成為「課題」**，能夠及早發現課題，不是很幸運嗎？

抱怨的背後必定存在原因。接下來請將原因寫在便利貼上吧！受薪階級的抱怨，多半是起因於「人際關係」與「不得不做的工作」所產生的煩惱吧？

這時請使用數字與專有名詞，將「煩惱」升格成具體「課題」。我們已經在第3章學到了該怎麼做，只要升格成「課題」，就能運用便利貼思考法將其全部解決。

潛意識無法分辨自己與他人，所以批評別人不僅會造成對方的壓力，也會造成自己的壓力，並刺激壓力荷爾蒙分泌，對健康造成損害。

反之，稱讚別人能使對方腦內分泌多巴胺，而稱讚別人時，自己的腦內也會分泌多巴胺。

所以**平常就要養成注意積極特質，而非消極特質的習慣**。請尋找對方的優點，並主動稱讚對方。無論是在社群媒體或部落格上都發表優點，而Yahoo!、樂天、Amazon等平台上的商品評價或商店評價，也都只專注於優點。

有句話說「施比受更有福」，稱讚也不只是爲了他人，更是爲了自己。正如「由近及遠」這句格言所說，不妨就從尋找身邊的人的優點開始吧！

## 將鬱悶的心情寫在便利貼上，一掃而空

你是否曾經覺得腦袋或內心籠罩著一股「鬱悶」的情緒呢？

心情鬱悶的時候，無論是工作還是學習都很難有進展，往往做什麼都不順利。

一般來說，我們會透過散步或伸展等方式來轉換心情、紓解壓力。

但有時候即使這麼做，鬱悶的心情依然不知爲何無法化解。這種時候，有可能是潛意識內側有什麼東西等著你轉換成言語。

如果不將這種鬱悶感用言語表達出來，對其置之不理，鬱悶感將會膨脹到妨礙思考。而鬱悶感也是造成壓力的原因，不利於心理健康。

所以無論是多麼瑣碎的事情都可以，請將想到的內容寫在便利貼上吧！

**便利貼將成爲反映內心的小鏡子。**說不定能藉此發現插在心裡的那根小刺。如果有什麼在意的事情，即使微不足道，處理都會比視而不見更能讓人神清氣爽。

如果寫下之後發現修正比較好，就在便利貼上標記方框「□」，把解決這個問題當成任務吧！如此一來，當任務一一完成，鬱悶感也會跟著消失。

而如果發現這件事無關緊要，不值得當作任務，就把便利貼和鬱悶感一起丟進垃圾桶裡。

便利貼如同吸塵器，能清除腦內積累的雜念與垃圾資訊所帶來的鬱悶感，如此一來就能清出腦內空間，讓思考變得清晰，因此請定期將鬱悶感轉換成言語，寫到便利貼上吧！

# 克服阻礙「想做的事」的四個障礙

很多人即使找到了「想做的事」，也依然跨不出第一步。這些人當然不是懶惰，而是不知道該怎麼做，或是存在著某種障礙卻不知該如何跨越。

「沒時間」、「沒錢」、「沒自信」、「得不到家人理解」就是最典型的障礙。

**「沒時間」的人，請透過閱讀學習如何籌出時間吧！**還有請減少無謂的時間浪費，例如減少滑手機的時間還能防止手機成癮，一舉兩得。有時候也可以拿錢買時間。所有成功的人，都採取重視時間更甚於金錢的行動。

**「沒錢」的人請重新檢視收支吧！**從書本學習控制金錢的方法，透過節約來省下本金。並試著利用本金，從事158頁介紹的創造財富的畢生志業的入門與初級事業，藉此增加收入。如果懂得節稅，或許就能學會控制金錢。

**「沒自信」的人，更需要熟練使用便利貼。**請把每天至少寫一張，貼滿一本筆記本當成目標。便利貼想必能夠推你一把，接著請參加擁有相同的夢想與目標的人聚集的社群，找到一起努力的夥伴。

**「得不到家人理解」的人，請先把自己的事擺在一邊，支持家人「想做的事」吧！**只要打從心底支持，總有一天也必定能夠同樣獲得支持。若無其事地將本書擺在客廳，吸引家人拿起來翻閱也不錯呢！

## 猶豫不決時，就用便利貼做出改變現狀的選擇

有些人即使「想做的事」變得明確，障礙也排除，依然花很多時間進行準備，遲遲無法展開行動。

舉例來說，即使知道難以靠著本業實現「想做的事」，不開始創造財富的畢生志業就無法進入到下一步，人類的心理依然具備恆定性，因此難以改變現狀。

**所以不能依靠判斷，只能做出決斷。**只要做出決斷，就能往前邁進。

這時也能運用便利貼。

首先請在心中做出「嘗試創造財富的畢生志業」這項改變現狀的選擇。

接著請恣意想像這項事業順利經營的未來，並實際感受一下。請利用數字與專有名

詞將其轉換成具體言語，寫在便利貼上。這時請具體寫下未來的樣貌，讓自己幾乎都要相信眞的已經獲得一切，接著暫時將便利貼放在一旁。

如此一來，潛意識就會開始將成功經營畢生志業的妄想視爲現狀。如此一來，**即使是缺乏決斷力的人，也必定能夠確實地一步一步向前行。**

## 善用潛意識的「七個習性」

我們無法直接進入潛意識，卻可以藉由使用便利貼來間接控制。而這時如果能夠了解潛意識的習性，控制起來就會更加順利。

潛意識的習性如下，雖然是前面也介紹過的內容，但寫便利貼時，請不要忘記。

**1. 能夠同時處理多項資訊，所以請盡情地寫。**

**2. 資訊愈具體愈容易尋找，因此請利用數字與專有名詞來具體化。**

**3. 無法區分現實與妄想（假想），所以要具體想像。**

**4. 無法區分過去、現在與未來，所以不寫假設句，要寫肯定句。**

**5. 無法理解否定句，要寫肯定句。**

**6. 無法區分他人與自己，所以抱怨就寫下來丟掉，並稱讚別人的優點。**

**7. 傾向於維持現狀，想要改變時，總之就先用言語表達。**

我在前一節提到了心理的恆定性，那就是第7點「傾向於維持現狀」的習性。潛意識會認爲，此時此刻能夠存活，就代表只要延續過去的模式，就能順利存活下去，因此會抗拒改變現狀。所以我們要**使用便利貼將妄想轉換成言語，讓潛意識誤以爲現狀就是如此。**

**只要巧妙運用潛意識的七項習性，就能控制潛意識，而便利貼正是最適合的工具。**

**善用便利貼能夠讓自己的人生變得隨心所欲。**本書雖然將找到「想做的事」當成目的，但便利貼也能應用在其他許多地方。

首先**請持續地寫便利貼，直到發現「想做的事」為止。**而找到了「想做的事」之後，也繼續將本書當成全家都能運用的，便利貼效果與使用方法的實用指南吧！

至今為止，便利貼已經改變了許多成年人的人生，但有效的不只是成年人。找到「想做的事」的時機，當然是愈年輕愈好。

如果能在十歲時就找到了「想做的事」，那麼出社會前就有約十年的準備期間，能夠將人生當中活力最充沛、身心都顯著成長的精華時期，用來為「想做的事」做準備。如此一來，一旦步入社會，就能立刻走向「真正屬於自己的人生」，那不是再好不過嗎？

請想像一下自己的情況，如果自己在十歲時就學會了便利貼的使用方法，並且找到了「想做的事」，那麼出社會前的約十年，會如何度過呢？

這麼一來，自己現在的人生又會變成什麼樣子呢？

這種情況下，你走過的人生路途，會和過去一樣嗎？

絕對會不一樣吧？

所以，我爲中小學生設計了一套尋找「想做的事」的課程。附帶一提，我也爲孩子設計了一套理財教育課程，並以志工身分，免費前往全國各地的小學授課。

結果正如我所料。實踐授課內容的孩子有了驚人的成長，雖然當事人沒什麼特別的感覺，但卻爲父母、老師與我帶來感動及未來的希望。

# 終章

# 無論是工作還是興趣，都能從中找到「想做的事」

## 從「利己」轉換爲「利他」

我們在前面已經利用全世界最簡單的方法找到「社會需求」，並依此導引出「想做的事」。因爲是將重要的價值觀與關注的事物轉換成言語，「想做的事」想必很容易就能發現。

話雖如此，將「願望」與「煩惱」升格爲「目標」與「課題」的過程中，有時也會遇到無法順利具體化的情況。

因此在最終章，我將會介紹更精確的萃取方法。至於已經透過第3章的方法順利找到想做的事的人，快速瀏覽本章也無妨。

這個更精確的萃取方法，就是**將工作或興趣「重新定位」**。回應社會需求時，所有的回應都有一個共通點，那就是從「爲了自己」的角度提升到「爲了別人」的角度，直接對「社會與顧客」帶來幫助。

所以，**請將工作或興趣從「爲了自己」重新定位爲「爲了別人」**。佛教有「棄小欲而立大志」的教誨，如果能夠將視角從小欲（爲了自己）提升到大志（爲了別人），就能夠回應「社會需求」。

在工作方面，就是將工作經驗、專長與技能「重新定位」。家庭主婦（主夫）可以將家事與育兒當成工作，學生則可以將讀書與社團活動等當成工作。

受薪階級工作的目的是「爲了賺取薪水」，因此動機是「爲了自己」。這時請將過去的工作經驗與技能重新定位爲「服務社會與顧客」的資源，直接發揮作用。

只要在某個領域擁有三年以上的經驗，就屬於專業人士了。既然當成工作執行，並且領取薪水，就必定擁有能夠回應「社會需求」的技能。

在興趣方面，則是將興趣．嗜好．娛樂「重新定位」。

興趣也是爲了豐富自己的人生，屬於「爲了自己」從事的活動。所以透過興趣等獲得的知識與技能，也能直接爲「社會與顧客」帶來幫助。

即使自己覺得平凡無奇，就初學者的角度來看依然高不可攀。這樣的人也能回應「社會需求」。

雖然兩者同時重新定位精確度更高，但只專注於其中一種也可以。

受薪階級以工作的重新定位爲優先，至於從事興趣的時間更長、理解得更深入的人，就以興趣的重新定位爲優先吧！

## 「想做的事」出乎意料地與工作密切相關

如果選擇「重新定位工作」，就是發揮過去的工作經驗與技能。除了工作以外，也能發揮家事、育兒、讀書與社團活動等的技能。

**一項工作從事三年以上就屬於專業等級，這時的技能已經達到能爲顧客帶來貢獻並獲得感謝的程度。**大家知道嗎？絕大多數的社會人士，都理所當然地完成自己的工作，但這其實已經是了不起的技能了。

以銀行員爲例，融資是一項基本技能。而具備融資技能，就代表懂得如何借貸，所以經營房屋租賃根本是小菜一碟，但我擔任銀行員時的許多同事都沒有意識到這點。

一直以來從事的工作也一樣。請你這麼想，**即使這項工作在公司與業界視爲理所當然，看在社會上的許多人眼中，也多半是超珍貴的技能。這所有的技能，都能滿足社會需求。**

這時請使用便利貼曼陀羅，試著從至今經歷過的工作中萃取出技能吧！方法就和先前一樣，將寫著**「經歷過的工作・技能」**的便利貼，貼在正中央。周圍則貼上八張寫著自己經歷過的職務內容的便利貼。其周圍再貼上十六張便利貼，並寫下相鄰或內側便利貼所寫的職務所運用的知識與技能。

圖18的例子因爲版面有限，每張便利貼寫下了多種知識與技能，實際操作時請一張寫一種。如果十六張都寫滿了，就繼續往外側貼，即使貼到筆記本外面也無所謂。

這時請意識到，公司分派的職務與實際執行的工作之間存在著落差。

以我爲例，公司分派給我的職務是法人融資，但實際執行的工作卻是擔任客戶的「顧問」與「部屬的培訓．指導及人事管理」。這也不外乎上班族最常見的創業內容就是顧問與業務代理了。

此外，運用的技能也不一定與負責的職務直接相關。沒有直接關連的技能說不定反而更多。

例如簡報技巧、撰寫請示書與報告書的技巧、電腦技能、手帳術與筆記術、公司內外部人脈活用術、職涯規畫技巧、部屬培訓技巧等，這些商務基礎技能與知識全都可以派上用場。

這時請先轉換視角吧！一直以來，你都是依照公司指示，爲公司工作。回應「社會需求」的主體是公司，而自己或許只負責其中一小部分，以間接方式回應「社會需求」而已。

然而一旦盤點技能，卻會發現更多的可能性。你或許會發現，調到公司的其他部門，更能發揮自己的優勢。

或者你會找到更適合自己的轉職選項。又或者察覺到目前的職務就是最適合自己的天職，工作意願一口氣提升。

所以請利用這個機會，以能夠回應哪些「社會需求」的觀點，盤點自己的技能吧！

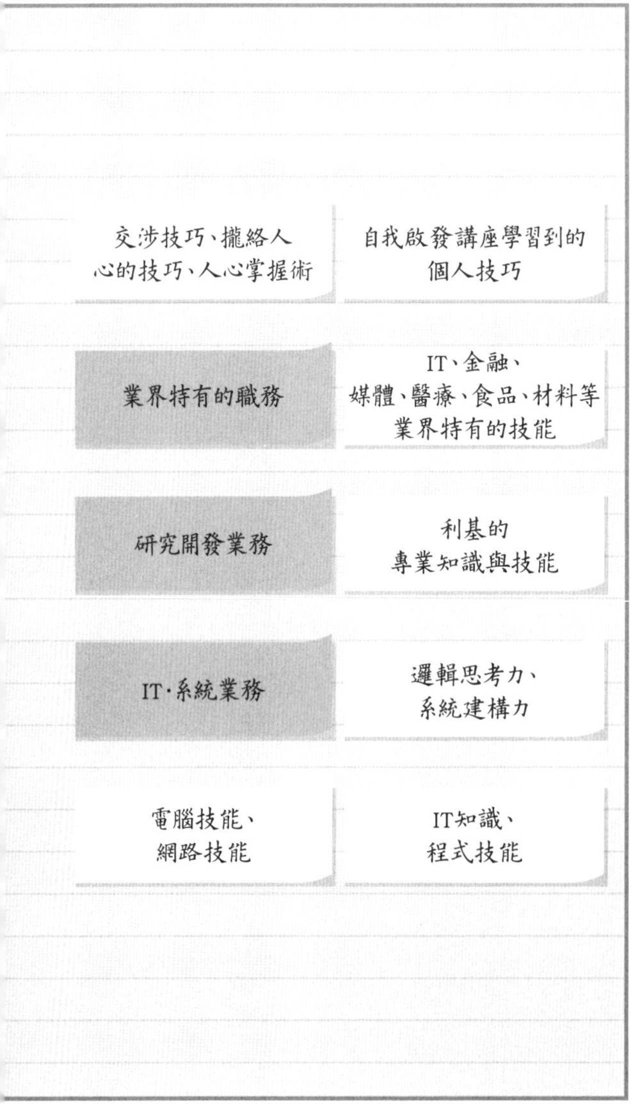


▶內側是8張經歷過的業務、職務。

▶其周圍貼上16張便利貼，將從經歷過的業務、職務中學到技能，或應用過的技能，寫在相鄰或對角線的便利貼上。這個例子因為版面關係，每張便利貼都寫下了多項技能，實際操作時請1張寫1項。如果寫不下就繼續將便利貼往外貼，寫在更外側的便利貼上。

## 圖18 便利貼曼陀羅的例子（工作的重新定位）

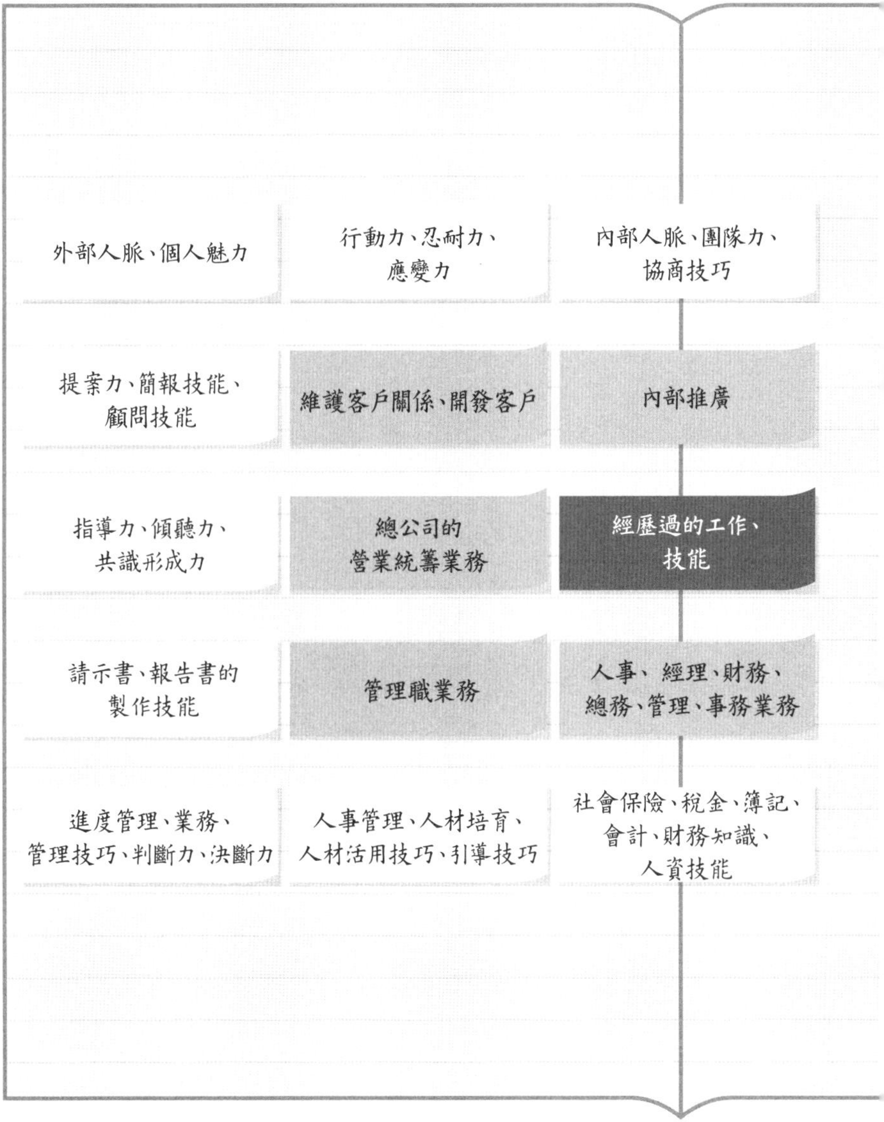

# 「想做的事」也可以來自興趣

「重新定位興趣」的操作方式也一樣。首先從寫著**「興趣、嗜好、娛樂」**的便利貼開始製作曼陀羅思考圖。請在周圍的八張便利貼上，寫出曾經沉迷或喜愛的活動。接著在其外圍也貼上十六張便利貼，並寫出這八種活動中所發揮的技能，就和製作「重新定位工作」的曼陀羅圖時相同。

這時請以鳥眼視角俯瞰整體，從幾種不同的興趣與愛好中，找出共同浮現的技能吧！

除此之外，也請寫下旁人經常稱讚「好厲害！做得眞好！」的活動吧！寫法就和先前一樣。圖19的例子因爲版面關係，每張便利貼寫下了多種技能，但正式開始寫的時候，請一張寫一項。如果十六張不夠寫，貼到筆記本外面也無所謂。寫得差不多後，就闔上筆記本，讓思考熟成。

最後請將寫著工作與興趣的技能的便利貼，與「目標・課題」便利貼外圈的十六張便利貼進行對照。

舉例來說，對照圖18或圖19例子與圖12的例子就會發現，「發揮本業技能」時，其實運用了以「外部人脈、個人魅力、攏絡人心的技巧、人心掌握術」及「提案力、簡報技能、顧問技能」爲首的，相當豐富的工作技能。

又或者我們也會發現「料理釣到的魚與自家栽種的蔬菜」時，運用的則是「公共衛生・食品管理的知識」「進口・保存技能、佐餐酒的知識」等來自興趣的技能。

當輔助技能變得如此明確，能夠回應的「社會需求」就會清楚浮現。

說明的部分到此爲止就告一段落。**當你找到「想做的事」之後，就先開始做些什麼吧！**

如此一來，便利貼也會驚人地增加。因爲**你將逐漸發現過去未會注意到的價值觀與關注的事物。這是成長的證明，值得開心。**

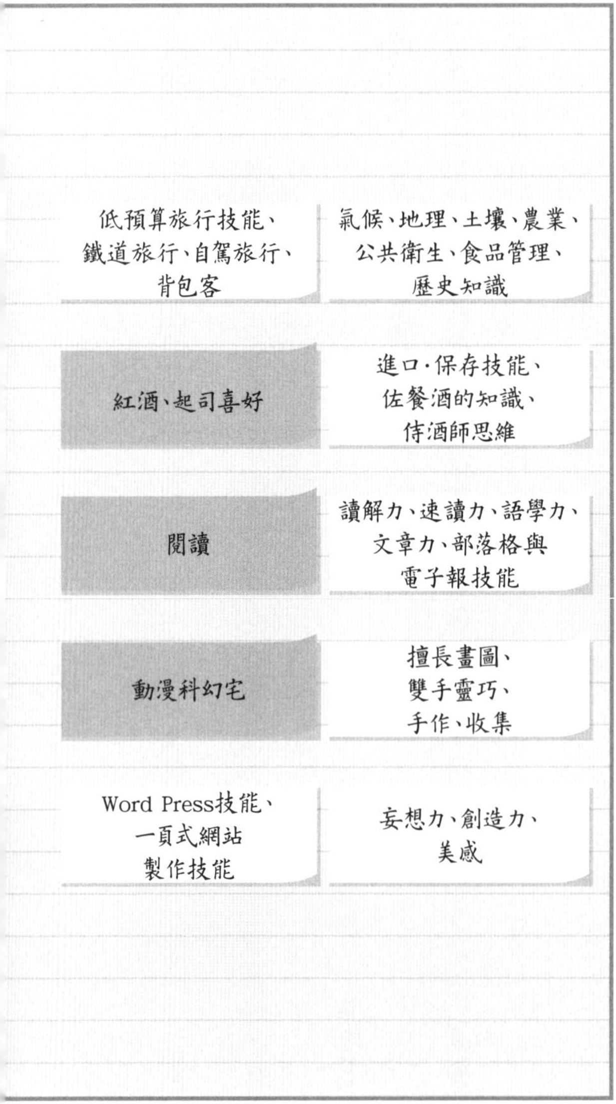


▶內側是8張自己的興趣、嗜好、娛樂。

▶其周圍貼上16張便利貼，將從興趣、嗜好、娛樂中學到技能，或應用過的技能，寫在相鄰或對角線的便利貼上。這個例子因爲版面關係，每張便利貼都寫下了多項技能，實際操作時請1張寫1項。如果寫不下就繼續將便利貼往外貼，寫在更外側的便利貼上。

## 圖19 便利貼曼陀羅的例子（興趣的重新定位）

| | | |
|---|---|---|
| 釣魚技能、毛鉤製作技能、釣魚熱點的知識 | 露營技能、急救·求生技能、技能檢定 | 空間認知力、安排旅程的技能、腳力強、意外狀況的應變能力 |
| 開放水域證照、與夥伴合作的技能、祕境入口的知識 | 上山、下海 | 旅行 |
| 邏輯思考力、應用力、雙方交鋒的心理戰力、膽識 | 圍棋、象棋、桌遊 | 興趣、嗜好、娛樂 |
| 預判力、模擬力 | 線上遊戲 | 電腦宅 |
| 作曲技能、電腦繪圖技能、絕對音感 | 組裝電腦的知識、電腦調校技能 | 專家級網站設計師證照 |

同時也請持續更新「想做的事」吧！至少一年一次，建議可以在年底或新年期間進行。

當你習慣了使用便利貼的思考後，即使沒有便利貼，你的思考也能清晰分明。這就像是珠算高手能在腦內撥算盤心算一樣。所以請不斷地寫便利貼，朝著更高的目標邁進吧！

結語

# 請將這個方法傳授給摯愛的人

便利貼的創意於一九七四年誕生，經過五年的時間，於一九八〇年商品化。原本打算開發出強力黏著劑，卻意外研發出雖然黏力弱但可重複黏貼的黏著劑。便利貼是從失敗中誕生的商品，而「神奇便利貼」也承襲了相似的背景，誕生自因爲便條紙磚而導致思考變得雜亂無章的失敗。

我因爲活力門事件而瀕臨破產，後來，靠著在節稅的同時建立資產的「闆娘法」（※）東山再起，而支撐我的原動力就是便利貼。（※編按：作者自創的方法，透過讓妻子成為公司負責人來達到節稅目的。）

無論是找到「想做的事」，還是結識能夠彼此支持的金錢品鑑師協會夥伴，都要歸功於便利貼。

其中，夥伴的存在尤爲重要。協會在迎來五週年的今年，新誕生了五位認證講師。每當我看見找到「想做的事」並實現夢想的夥伴，都會深刻感受到便利貼的潛力。

我能夠放心地專注於內容創作，也是因爲夥伴們的支持。儘管我的力量微不足道，但未來也會繼續如同便利貼一般，在幕後盡全力支持大家。

接下來就輪到你了。只要每天寫一張便利貼，你一定能夠找到「想做的事」。這時掌握關鍵的，就是你身邊的摯愛。

因此在讀完這本書後，請將這個方法傳授給你摯愛的人，請他們開始寫便利貼吧！你們之間誕生了共通的語言，溝通起來也會更順暢。他們也必定能夠理解你爲什麼會一頭栽進「想做的事」當中。只要這麼做，無論是家庭、工作還是人生，想必都會有所改善。

尤其家人是命運共同體，只要方向一致，彼此的相處就會變得舒適。夫妻一起開始練習，就能理解彼此的價值觀與「想做的事」，相互配合攜手合作。這不僅能幫助你們找到「想做的事」，也有助於夫妻和諧。

如果有孩子，孩子也可以一起參與。如果能在年幼時就找到「想做的事」，未來將有無限的可能性。便利貼也能幫助讀書學習，孩子「想做的事」必定能夠實現。

既然都找到了，不妨將「想做的事」與「人生目標」發表在部落格或社群網站等平台吧！

一旦公開發表，就不可能不去執行，想做的事就會更容易實現。說不定還會出現加油團。

發表時請加上「#神奇便利貼」的主題標籤，我一定會找到並追蹤你，爲你送上聲援！

我在銀行員時代，靠著《現在就讓老婆當社長》一書出道，並開始舉辦講座，一轉眼已經過了十個年頭。能夠一路堅持到現在，都要感謝讀者朋友以及協會夥伴的支持。

上一本著作《40歲後請開拓兩條收入來源》，也因爲夥伴分享的經驗談而躋身暢銷書之列。

這次的著作同樣多虧了井野陽子、上原理惠子、神村尚、神村樂樂、永瀨史彌等夥伴協助採訪而得以順利完成。除了表達感謝之意，也衷心祈禱各位能夠更加活躍。

此外，也要再次感謝對我「透過金錢實現家庭幸福」的理念產生共鳴的學員，以及持續協助社群成員的認證講師與協會會員。

最後還有鑽石出版社的武井康一郎先生，他在《新婚第一年理財教科書》與上一本著作後，繼續協助我將本書呈現給讀者。我們之間的訊息與對話交流量，或許僅次於我與妻子之間的互動。平時因爲太過尷尬，無法當面表達謝意，所以藉此機會致上誠摯的感謝。

# 參考文獻

《和自己說好，生命裡只留下不後悔的選擇》，布朗妮．維爾著，劉鐵虎譯，時報出版，2019年
《別再錯用你的腦，七招用腦法終結分心與瞎忙》，樺澤紫苑著，楊毓瑩譯，大牌出版，2023年
《被討厭的勇氣》，岸見一郎、古賀史健著，葉小燕譯，究竟出版，2014年
《接受不完美的勇氣》，小倉廣著，楊明綺譯，遠流出版，2016年
《宇宙兄弟》1～38集，小山宙哉著，許嘉祥譯，尖端出版，2009～2024年
《ONE PIECE航海王》1～111集，尾田榮一郎著，張家銘、許任駒譯，尖端出版，2003～2024年
《灌籃高手》完全版1～24集，井上雄彥著，何宜叡譯，時報出版，2006～2023年
《王者天下》1～71集，原泰久著，茹茂華、魏嫚秀、鄭世彬譯，時報出版，2007～2025年
《拒看新聞的生活藝術》，魯爾夫．杜伯里著，鐘寶珍譯，商周出版，2020年
《科學證實你想的會成真》，道森．丘吉著，林瑞堂譯，三采出版，2019年

Eurasian Publishing Group
圓神出版事業機構
用心與你對話·視野無限寬廣

如何出版社
Solutions Publishing

www.booklife.com.tw　reader@mail.eurasian.com.tw

Happy Learning 218

# 每天寫一張神可貼，九成願望都能實現！

作　　者／坂下仁
譯　　者／林詠純
發 行 人／簡志忠
出 版 者／如何出版社有限公司
地　　址／臺北市南京東路四段50號6樓之1
電　　話／（02）2579-6600 · 2579-8800 · 2570-3939
傳　　真／（02）2579-0338 · 2577-3220 · 2570-3636
副 社 長／陳秋月
副總編輯／賴良珠
責任編輯／柳怡如
校　　對／柳怡如 · 張雅慧
美術編輯／李家宜
行銷企畫／陳禹伶 · 朱智琳
印務統籌／劉鳳剛 · 高榮祥
監　　印／高榮祥
排　　版／杜易蓉
經 銷 商／叩應股份有限公司
郵撥帳號／ 18707239
法律顧問／圓神出版事業機構法律顧問　蕭雄淋律師
印　　刷／祥峰印刷廠
2025年7月 初版

YARITAIKOTO GA ZETTAI MITSUKARU KAMIFUSEN
by JinSakashita



Original Japanese language edition published by Diamond, Inc.
Complex Chinese translation rights arranged with Diamond, Inc.
Through Future View Technology Ltd

定價310元　ISBN 978-986-136-741-5　

「想增加收入」、「想要快速累積儲蓄，備妥養老金」、
「買樂透希望能中高額頭獎」、「想過得比現在更富裕、
更悠閒」……爲什麼有關金錢的願望都這麼難實現？
你或許該檢討一下，害你缺錢的人，搞不好就是你自己?!
——《被財神爺喜歡到怕的方法》



國家圖書館出版品預行編目資料

每天寫一張神可貼，九成願望都能實現！/坂下仁 著；
林詠純 譯. -- 初版 -- 臺北市：如何出版社有限公司，2025.7
208 面；14.8×20.8 公分 --（Happy Learning；218）
ISBN 978-986-136-741-5（平裝）

1.CST：自我實現　2.CST：生活指導　3.CST：成功法

177.2　　　114006552